DIME QUÉ COMER
SI TENGO REFLUJO ÁCIDO

ELAINE MAGEE

DIME QUÉ COMER
SI TENGO REFLUJO ÁCIDO

Obra revisada por el Dr. Anthony A. Starpoli,
director del Departamento de Investigaciones
Gastroesofágicas y Endocirugía del St. Vincent
Catholic Medical Center Manhattan

EDICIONES OBELISCO

Si este libro le ha interesado y desea que le mantengamos informado
de nuestras publicaciones, escríbanos indicándonos qué temas son de su interés
(Astrología, Autoayuda, Ciencias Ocultas, Artes Marciales, Naturismo,
Espiritualidad, Tradición...) y gustosamente le complaceremos.

Puede consultar nuestro catálogo en www.edicionesobelisco.com

*Los editores no han comprobado la eficacia ni el resultado de las recetas, productos, fórmulas
técnicas, ejercicios o similares contenidos en este libro. Instan a los lectores a consultar al
médico o especialista de la salud ante cualquier duda que surja. No asumen, por lo tanto,
responsabilidad alguna en cuanto a su utilización ni realizan asesoramiento al respecto.*

Colección Salud y Vida natural
DIME QUÉ COMER SI TENGO REFLUJO ÁCIDO
Elaine Magee
1.ª edición: febrero de 2014

Título original: *Tell me What to Eat if I Have Acid Reflux*

Traducción: *Joana Delgado*
Corrección: *M.ª Ángeles Olivera*
Diseño de cubierta: *Enrique Iborra*

© 2009, por Elaine Magee. MPH, RD
Original en inglés publicado por CAREER PRESS, 220 West Parkway, Unit 12,
Pompton Plains, NJ 07444, Estados Unidos
(Reservados todos los derechos)
© 2014, Ediciones Obelisco, S. L.
(Reservados los derechos para la presente edición)

Edita: Ediciones Obelisco S. L.
Pere IV, 78 (Edif. Pedro IV) 3.ª, planta 5.ª puerta
08005 Barcelona – España
Tel. 93 309 85 25 – Fax 93 309 85 23
E-mail: info@edicionesobelisco.com

Paracas, 59 C1275AFA Buenos Aires – Argentina
Tel. (541-14) 305 06 33 – Fax: (541-14) 304 78 20

ISBN: 978-84-15968-28-3
Depósito Legal: B-279-2014

Printed in Spain

Impreso en España en los talleres gráficos de Romanyà/Valls S.A.
Verdaguer, 1 – 08786 Capellades (Barcelona)

Reservados todos los derechos. Ninguna parte de esta publicación, incluido el diseño
de la cubierta, puede ser reproducida, almacenada, trasmitida o utilizada en manera
alguna por ningún medio, ya sea electrónico, químico, mecánico, óptico, de grabación
o electrográfico, sin el previo consentimiento por escrito del editor.
Diríjase a CEDRO (Centro Español de Derechos Reprográficos, www.cedro.org)
si necesita fotocopiar o escanear algún fragmento de esta obra.

Prólogo

En todo el mundo, el 18% de los individuos sufre una dolencia llamada enfermedad del reflujo gastroesofágico, conocida comúnmente como ERGE. El síntoma más común es el ardor de estómago, que afecta de un 7 a un 10% de la población estadounidense, por ejemplo. Si bien la ciencia médica ha realizado significativos avances en el tratamiento de la ERGE, ésta sigue siendo una dolencia crónica y recidiva.

El hecho es que con frecuencia la ERGE no se reconoce ni se diagnostica. En comparación con el gran número de personas afectadas por esta dolencia, son muy pocos los que buscan ayuda médica. La automedicación es muy común, y el alivio temporal de los síntomas puede malinterpretarse. Las complicaciones de la ERGE pueden enmascararse por una respuesta asintomática (ausencia de síntomas). Es bien sabido que los pacientes con reflujo crónico, con el tiempo, pueden tener menos síntomas, y la enfermedad puede ir progresando sin que el paciente lo perciba. Por tanto, cabe enfatizar en la importancia de tener un diagnóstico específico de la ERGE.

Desde la primera edición de este libro, se ha trabajado para explicar mejor esta dolencia. Los estudios más recientes muestran que la ERGE consiste tanto en reflujo no ácido como en reflujo ácido. La conciencia de que existía un reflujo no ácido surgió a partir de la observación de los pacientes de esta dolencia, que tras tomar antiácidos seguían teniendo los mismos síntomas. En esa evaluación se descubrió que, a pesar del tratamiento, esos pacientes seguían experimentando síntomas de reflujo de naturaleza no ácida. El reflujo no ácido en estos casos aparece entre un 35 y un 45 % de los pacientes que no responden con éxito al tratamiento con fármacos.

La ERGE sigue afectando a la calidad de vida, y lo más interesante es la relación que existe entre sueño y reflujo. Los pacientes con unos patrones de sueño limitados pueden empeorar con el reflujo, y aquellos con una ERGE poco controlada pueden tener un patrón de sueño alterado.

Cada vez son más los datos que siguen señalando a la ERGE como uno de los mayores factores de riesgo a la hora de padecer un cáncer de esófago. La incidencia de este tipo de cáncer ha aumentado exponencialmente desde la década de 1970, lo que hace que pacientes con un reflujo moderado deseen saber más acerca de la enfermedad que padecen. Si bien están ampliamente disponibles los tratamientos médicos y quirúrgicos, los pacientes con reflujo quieren saber más sobre la enfermedad y también sobre el modo de actuar.

La mayoría de los profesionales de la salud no tienen los medios suficientes para facilitar a los pacientes dietas detalladas y consejos acerca un nuevo tipo de vida. Me impresiona el deseo de los pacientes de comprender el proceso más allá de su dolencia. Muchos médicos no disponen de medios para ofrecer a sus pacientes nuevas perspectivas respecto a la dieta y el estilo de vida que deben seguir. Y esto es algo esencial para seguir con éxito cualquier tratamiento médico, incluido el reflujo ácido. Una alimentación correcta puede ayudar a combatir la obesidad, que se ha identificado como un factor de riesgo aislado en el desarrollo de la ERGE.

Dime qué comer si tengo reflujo ácido ofrece una revisión completa de los mecanismos de esta enfermedad y examina sus múltiples manifestaciones. Esta edición revisada abarca los aspectos médicos y los procedimientos del tratamiento de la ERGE y actualiza los procedimientos no quirúrgicos más novedosos de esta enfermedad.

Y, lo que es más relevante, la presentación que Elaine Magee hace de los trastornos del reflujo ácido hace que resulte de fácil comprensión para el lector, y ofrece al paciente una estrategia realista orientada a controlar la dolencia. Sus textos hacen que el lector tenga la sensación de que puede tomar el control, y ofrecen un camino saludable a todo aquel que desea combatir el reflujo ácido.

Una vez más, Elaine Magee ha investigado rigurosamente las bases de la alimentación en el tratamiento del reflujo ácido, aportando unas directrices prácticas que conducirán a los pacientes a una mejor calidad de vida. Recomiendo este libro a todos mis pacientes con reflujo ácido como un complemento perfecto de su tratamiento.

Dr. ANTHONY A. STARPOLI
Director del Departamento de Investigaciones
Gastroesofágicas y de Endocirugía
del St. Vincents Catholic Medical Center Manhattan.
Médico residente en el Hospital Lenox Hill
de Nueva York, Departamento de Gastroenterología

Introducción

El ardor de estómago no es tan sólo una pequeña molestia, sino que se trata de un trastorno doloroso que puede alterar la calidad del sueño y también el trabajo. Pero si tú, lector, eres uno de los muchos millones de personas –sólo en Estados Unidos alrededor de 60 millones– que sufre ardor de estómago al menos una vez al mes, es algo que probablemente ya conoces.

Cuando el revestimiento del esófago entra en contacto con los abundantes jugos digestivos (que contienen ácido estomacal), aparece el ardor de estómago, que provoca quemazón y daña al esófago. Al final de ese tubo llamado esófago se encuentra una válvula que lo conecta con el estómago, que por lo general tiene la función de mantener el ácido estomacal en el lugar donde le corresponde, es decir, en el estómago. Pero en las personas con frecuentes reflujos, esta válvula, el esfínter esofágico inferior, se relaja con demasiada frecuencia y permite que el ácido estomacal pase al esófago.

Pero una persona no tiene por qué acostumbrarse a esta circunstancia, ya que existen alimentos que se pueden elegir y otros que se pueden evitar para reducir el ardor de estómago. Un reciente estudio estadounidense llevado a cabo por el National Heartburn Alliance (Asociación nacional del ardor o acidez de estómago, NHBA, según sus siglas en inglés) ha revelado que el 92 % de los pacientes que sufren esta dolencia señalan a los alimentos como la causa primordial de sus molestias digestivas. «La buena noticia para estos pacientes es que las investigaciones señalan que cambiar de dieta puede disminuir de manera significativa el número de episodios de acidez de estómago», afirma la NHBA.

El reflujo ácido empieza cuando la acidez de estómago comienza a aparecer de manera ocasional o frecuente.

Con sólo nombrar las palabras *acidez* o *reflujo ácido*, siempre aparece alguien que lo ha sufrido o que conoce a alguien que lo padece. Creo que hemos llegado a la cúspide del reflujo ácido, pues ahora que tengo 40 años, cada vez oigo más cómo se habla de personas diagnosticadas con esta dolencia. ¿La sufro yo personalmente? No, pero tengo muchísimos buenos amigos y también familiares que la han estado sufriendo, y por ello he querido incluir esta obra en mi serie de libros sobre nutrición *Dime qué comer*.

El reflujo ácido es una enfermedad que no se debe ignorar ni tampoco automedicar. Pero lo que me preocupa es que casi la mitad de los pacientes que padecen reflujo ácido no saben que lo que están experimentando es en realidad una enfermedad.

En los estudios que evalúan el bienestar emocional, las personas que tienen problemas de reflujo ácido aún sin resolver tienen peor puntuación que las que padecen otras enfermedades crónicas, como diabetes, hipertensión, úlcera péptica o angina de pecho.

Pero también hay una buena noticia: el reflujo ácido es, por lo general, una dolencia tratable. Y ahora una noticia aún mejor: la mayoría de los pacientes con reflujo ácido sufren una forma leve de la enfermedad que se puede controlar con medicación y un cambio en el tipo de vida.

Si tú, lector, crees que padeces reflujo ácido y aún no has consultado a un médico, ése el primer paso que debes dar. El segundo es trabajar con él para establecer un tratamiento factible. Con independencia de la acción médica que tú y tu médico decidáis, la dieta y los consejos acerca del estilo de vida que aparecen en este libro serán un buen complemento.

No sufras sin necesidad. Descubre si padeces esta dolencia y después acepta la ayuda necesaria para sentirte de nuevo bien. La lectura de este libro te ayudará a seguir el camino correcto: un camino sin acidez de estómago.

Capítulo I

Todo lo que siempre quisiste preguntar al médico sobre el reflujo ácido

Gran parte de este libro se ha dedicado a tratar el reflujo ácido desde las opciones de la dieta y el tipo de vida. *Reflujo ácido* son los términos con que se conoce la dolencia del reflujo gastroesofágico, también denominada ERGE (enfermedad del reflujo gastroesofágico). Aquí utilizaremos las palabras *reflujo ácido,* dando por hecho que el reflujo puede estar compuesto por flujo ácido y no ácido.

¿Qué es el reflujo ácido? ¿Cómo puedo aliviar sus síntomas? ¿Qué opciones tengo (desde los fármacos sin receta médica a la cirugía), y cuáles pueden ser los efectos secundarios y los riesgos? En este capítulo se contestarán estas preguntas. Se tratará de todo aquello acerca del reflujo ácido que siempre quisiste preguntar al médico en el supuesto de que estuviera a tu total disposición durante aproximadamente una o dos horas.

¿Quién padece reflujo ácido?

Si padeces reflujo ácido, no estás de ninguna manera solo, ya que, por ejemplo, sólo en Estados Unidos más de 15 millones de personas sufren a diario ardor de estómago (el principal síntoma del reflujo ácido), mientras que otros 45 millones más lo tienen al menos una vez al mes. Haz las cuentas: eso representa aproximadamente un 10% de la población estadounidense.

¿Qué sucede en mi cuerpo cuando sufro reflujo ácido?

Cuando una persona tiene reflujo, el ácido del estómago fluye al esófago. La palabra *ácido* hace referencia al ácido estomacal, y el término *reflujo* indica el retorno o refluir del ácido estomacal a la parte inferior del esófago. Aunque parezca muy simple, esa pequeña cantidad de los flujos estomacales que pueden contener sustancias ácidas y no ácidas pueden dañar el revestimiento del esófago y causar estragos en la vida del paciente. Puede alterar el sueño, hacer que las digestiones resulten desagradables, causar dolor y malestar e incluso, de no tratarse, originar complicaciones graves.

Cuando el cuerpo funciona con normalidad, el reflujo del estómago no llega al esófago. Nuestro organismo tiene una válvula muscular llamada esfínter esofágico inferior, que conecta la parte inferior del esófago con la parte superior del estómago. Los alimentos deben fluir tan solo del esófago al estómago, donde son procesados y digeridos. Pero cuando se padece reflujo ácido, esa válvula se relaja con demasiada frecuencia y permite que parte del ácido estomacal retorne al esófago.

¿Tiene cura el reflujo ácido?

El reflujo ácido es una enfermedad crónica y recurrente que no desaparece y resuelve por sí sola. Cualquier persona que lleva años padeciéndola puede dar fe de ello. Pero un tratamiento a largo plazo y un cambio en el tipo de vida suelen ser eficaces, ya que ayudan en gran medida a aliviar los síntomas en la mayoría de los casos. Las opciones de tratamiento, que incluyen un cambio en el estilo de vida, fármacos, intervenciones quirúrgicas o bien una combinación de todas ellas, contribuyen a evitar que el ácido penetre en el esófago.

¿Cuál es el síntoma más común?

¡El ardor de estómago! El ardor de estómago aparece de unos 30 a 45 minutos después de una comida pesada. Cuando el reflujo ácido llega a la parte inferior del esófago, el síntoma más relevante es el ardor de estómago, que se describe como una desagradable sensación de ardor justo en la zona del esternón (o del corazón) que se extiende hacia el cuello y la garganta. El ardor puede durar varias horas y suele empeorar después de las comidas. Tener ardor muy de vez en cuando no significa necesariamente que se padezca reflujo ácido o se tengan problemas de salud. Pero cuando el ardor de estómago aparece con frecuencia (dos o más veces por semana) o va acompañado de otros síntomas (sensación de comida atragantada en la garganta, pérdida de sangre o de peso), se puede hablar de reflujo ácido. Hay personas que advierten incluso un sabor agrio o ácido en la garganta.

¿Qué otros síntomas aparecen en el reflujo ácido?

Además del ardor de estómago, en el reflujo ácido aparecen otros síntomas comunes:

- Sensación de que la comida vuelve a la boca acompañada de un sabor ácido o agrio.
- Ronquera.
- Tos crónica.
- Asma crónico.
- Eructos.
- Hinchazón.

¿Qué puedo hacer frente a un ardor de estómago ocasional?

En los casos de ardor de estómago ocasional son muchas las personas que encuentran alivio en los fármacos sin receta y también haciendo algunos cambios en su dieta y en sus hábitos, los cuales incluyen:

- Evitar alimentos y bebidas que propicien el ardor de estómago (*véase* capítulo 2).
- Dejar de fumar.

- Perder algunos kilos en el caso de tener sobrepeso (sé por propia experiencia que esto es mucho más fácil decirlo que hacerlo). Es algo tan importante que el capítulo 4 está íntegramente dedicado a ello.
- La última comida o tentempié debe hacerse tres o más horas antes de irse a dormir. Si se deja un buen intervalo de tiempo es mayor la posibilidad de dormir con el estómago vacío. El contenido del estómago es menor y, por consiguiente, es menos probable que el alimento retorne al esófago al tumbarse en la cama.

¿Es el ardor de estómago el resultado de malos hábitos o surge como consecuencia de causas físicas?

Cuando el ardor de estómago es algo ocasional puede atribuirse a los malos hábitos alimentarios. Comer demasiados alimentos ricos en grasas, tomar demasiado alcohol y ciertos alimentos irritantes, como zumo de limón, salsas picantes o chocolate, puede causar ardor de estómago incluso a personas que tienen una buena salud. Pero cuando el ardor de estómago aparece con mayor frecuencia y también se aparecen otros síntomas, como el reflujo ácido, es más probable que existan causas físicas.

¿Qué ocurre con las embarazadas y el ardor de estómago?

Muchas mujeres tienen un primer contacto con el ardor de estómago en los últimos meses del embarazo, pero existe una explicación razonable. El bebé, a medida que va desarrollándose, presiona cada vez más el estómago, lo que ocasiona que parte de su contenido ácido fluya al esófago. Lo malo es que este tipo de ardor con frecuencia se resiste a los cambios en la alimentación e incluso a los antiácidos, pero la buena noticia es que cuando nace el bebé casi siempre desaparece el ardor de estómago.

¿Cuál es la clave para aliviar los síntomas?

Si la causa física del reflujo ácido es el paso del ácido estomacal al esófago, la clave está en suprimir ese ácido y no dejar que se irrite el tejido esofágico.

¿Cuándo empeoran los síntomas?

En personas con esofagitis, el ácido esofágico aparece con mayor frecuencia durante el día que por la noche, y en especial después de las comidas. La irritación y las heridas del tejido esofágico suelen aparecer por lo general justo después de comer, pues es en esos momentos cuando el estómago libera el ácido y el esfínter esofágico puede tener una tendencia a relajarse, permitiendo que el ácido invada el esófago.

En otros individuos, el ardor de estómago suele aparecer a la hora de irse a dormir, cuando retornan los alimentos y las bebidas. Cuando nos tumbamos en la cama, desplazamos el estómago de una posición vertical a una lateral, y, de repente, la abertura del esófago queda a nivel del resto del estómago y de su contenido.

¿Qué tratamientos puedo seguir?

Por lo general, el reflujo ácido se trata con una combinación de cambios en la alimentación y en el tipo de vida, con fármacos con o sin receta, y en algunos casos con una intervención quirúrgica. La mayoría de los médicos empieza con el tratamiento menos invasivo, que son las opciones menos costosas –como medicamentos sin receta y algunos cambios en el estilo de vida–, y después sigue con tratamientos más intensivos, como fármacos con receta y cirugía.

¿En qué se diferencia el ardor de estómago del reflujo ácido o ERGE?

Todo el mundo ha tenido ardor de estómago en algún momento de su vida. Pero cuando ese ardor pasa de ser ocasional a presentarse más de dos veces por semana… o aparece asociado a otros trastornos (indigestión, pérdida de peso o anemia), puede decirse que el ardor de estómago ha pasado a convertirse en reflujo ácido.

¿Cuáles son los medicamentos más adecuados para el reflujo gastroesofágico y cómo funcionan?

Hay fármacos que constituyen un buen tratamiento para «algunas» o «bastantes» personas, pero hay que tener en cuenta que en la actualidad ninguno de los medicamentos que se utilizan para el tratamiento del reflujo ácido cura esta enfermedad. Los fármacos ayudan a moderar los síntomas, y algunos también permiten que se cure el revestimiento interno del esófago. Aun en el caso de que alivien los síntomas de la enfermedad, por lo general esta patología reaparece al cabo de unos meses de haber dejado de tomarlos.

¿Cómo actúan los antiácidos sin receta y los agentes espumantes?

Los antiácidos son magníficos a la hora de aliviar de manera instantánea los síntomas de ardor de estómago. Funcionan directamente en el estómago y reducen la acidez del reflujo que irrita el esófago, además de ayudar a neutralizar su zona interna. La combinación de antiácidos y agentes espumosos produce una barrera espumosa en el estómago que queda flotando sobre el contenido de éste y evita que el ácido pase al esófago. No curan la esofagitis ni evitan las complicaciones del reflujo ácido.

¿Qué efectos secundarios produce el uso continuo de antiácidos?

- Algunos producen diarrea (hidróxido o leche de magnesio) y otros estreñimiento (Amphogel, Alternagel: hidróxido de aluminio). Las sales de aluminio y magnesio se usan junto a Alka-seltzer, Mylanta y Maalox para reducir los efectos secundarios mencionados.

- El estreñimiento puede ser causado por el carbonato de calcio (Dupomar, Vannier). Estos antiácidos sin receta son una buena fuente de calcio, y en raras ocasiones pueden causar un exceso de calcio en sangre, lo que provocaría insuficiencia renal.
- Cambia el modo en que el organismo descompone y utiliza el calcio.
- Aumenta el riesgo de formación de cálculos renales.
- Intensifica el magnesio en el organismo, lo cual puede ser grave para las personas con problemas renales.

En caso de tener que utilizar antiácidos durante más de tres semanas, es necesario consultar con un médico.

¿Pueden estos fármacos interactuar con otros que esté tomando?

Los antiácidos pueden reducir la absorción de ciertos fármacos (tetraciclina, ciprofloxacina, propanol, captopril y bloqueadores del H2), de modo que, en el caso de que uses antiácidos e incluso si los tomas sólo de vez en cuando, advierte de ello a tu médico.

¿Qué son los bloqueadores H2?

Los bloqueadores H2 (también llamados antagonistas de los receptores H2) ayudan a inhibir la secreción ácida del estómago (lo cual permite reducir el ácido estomacal que suele empeorar los síntomas). Funcionan de manera específica bloqueando el receptor de la histamina tipo II, uno de los mecanismos que controlan la producción de ácido. Comienzan a funcionar unos 30 minutos después de su ingesta y su acción dura hasta 8 horas.

Existen bloqueadores H2 con receta médica y también sin ella. Los que se administran sin receta no alivian los síntomas con la misma rapidez que los antiácidos, pero su acción es más duradera. En otras palabras, empiezan a actuar más lentamente, pero una vez lo han hecho, ayudan a controlar el reflujo ácido durante más tiempo.

Los bloqueadores H2 constituyen un tratamiento tradicional del reflujo ácido, pues muchos de ellos son un tratamiento efectivo a corto plazo en el caso del reflujo ácido con síntomas resistentes. En la mayoría de los estudios realizados con los bloqueadores H2, en los que los participantes los tomaban dos veces al día, los síntomas desaparecían en más de la mitad de los casos. En uno de esos estudios, en el que los pacientes tomaron 150 mg de ranitidina dos veces al día, la esofagitis remitió en seis semanas.

Cuando se toman estos medicamentos hay que tener en cuenta tres cosas:

1. Las dosis altas funcionan mejor que las dosis estándar.
2. Tomarlos dos veces al día es más eficaz que hacerlo una vez al día.
3. Los bloqueadores H2 son, por lo general, menos costosos que los inhibidores de la bomba de protones. (*Para más información sobre estos inhibidores véase pág. 23*).

Fórmula sin receta

En dosis más bajas, la fórmula sin receta de los bloqueadores H2 se utiliza para controlar los «episodios» de ardor de estómago bajo los nombres de cimetidina (100 mg), famotidina (10 mg), nizatidina (75 mg) y ranitidina (75 mg). Tardan más en actuar que los antiácidos (suelen aliviar los síntomas entre 30 y 60 minutos después de su ingesta), pero son más duraderos.

Es posible que los hayas visto anunciados en la televisión

En los anuncios se publicitan bajo marcas diferentes: Tagamet, Pepcid y Zantac.

En el caso del Tagamet (cimetidina), la dosis más común es 300 mg tres veces al día, de 4 a 6 semanas, y la mayoría de los pacientes experimenta un alivio al cabo de 2 semanas. Puesto que los antiácidos reducen la absorción del Tagamet, hay que tener en cuenta que se deben tomar una hora antes o después de este medicamento. Hay quien toma el bloqueador H2 antes de comer y el antiácido después.

En cuanto al Zantac (ranitidina HCl), la dosis prescrita suele ser de 150 mg dos veces al día durante 4 o 6 semanas, dependiendo del efecto que le haga al paciente. En personas con síntomas que aparecen sobre todo por la noche, una única dosis de 300 mg antes de acostarse suele ser suficiente.

Advertencia: si bien estos medicamentos se venden sin receta médica, en el caso de sufrir un ardor de estómago persistente se debe acudir a un médico especialista.

Efectos secundarios

La mayor parte de estos medicamentos tienen efectos secundarios. El más común de ellos es la cefalea. Otros efectos secundarios son una diarrea suave y esporádica, mareos y erupciones; las enfermedades hepáticas y nerviosas agravan estos efectos secundarios. Una cosa que debe tenerse en cuenta es que la inhibición del ácido estomacal con estos fármacos durante un tiempo prolongado puede provocar problemas de cáncer en el estómago en aquellas personas que estén infectadas con la bacteria *H. pylori* y que no reciban tratamiento (lo mismo sucede en el caso del uso prolongado de los inhibidores de la bomba de protones).

- Tagamet (cimetidina): interactúa con diversos fármacos de uso común (fenitoína, teofilina y wafarina). Tomar dosis altas (más de 3 g al día) de cimetidina durante un tiempo prolongado puede causar impotencia o dilatación del pecho (los problemas revierten cuando se deja de tomar el fármaco).
- Zantac (ranitidina): interfiere con muy pocos medicamentos.
- Axid (famotidina y nizatidina); los más recientes bloqueadores H2 apenas tienen efectos secundarios ni interacciones.

Agentes procinéticos

Estos fármacos se utilizan para los síntomas de reflujo ácido de leves a moderados y funcionan especialmente bien a la hora de aliviar los síntomas de ardor de estómago que aparecen por la noche. Por lo general, están asociados a los bloqueadores H2 y funcionan juntos, aunque actúan de manera diferente. Mientras que los bloqueadores H2, administrados con receta, eliminan de manera moderada la acidez, los agentes procinéticos actúan del modo siguiente:

- Fortalecen el esfínter esofágico inferior.
- Aceleran el paso de los alimentos por el estómago y aumentan la motilidad esofágica, es decir, el movimiento en el interior del esófago. (Cisaprida, betanecol, eritromicina y metoclopramida son los cuatro agentes procinéticos disponibles en la actualidad).

Efectos secundarios

La eritromicina es un antibiótico que puede provocar náuseas y diarrea. La metoclopramida puede producir los siguientes efectos: somnolencia, ansiedad, agitación e inquietud motora hasta en un 30 % de los pacientes. El efecto de este medicamento es más intenso cuando se administra por vía intravenosa.

La cisaprida es un fármaco que deben evitar las personas con ciertos problemas de salud, entre ellos casi cualquier tipo de cardiopatía, insuficiencia renal, apnea, enfisema, bronquitis crónica, cáncer avanzado y enfermedades que aumenten el riesgo de sufrir trastornos electrolíticos (problemas de potasio, magnesio, sodio o calcio). Las personas con dolencias hepáticas deben utilizarlo con precaución. La FDA (Agencia norteamericana de alimentos y medicamentos) manifiesta que este fármaco no debe ser utilizado por personas que estén tomando antihistamínicos, antiarrítmicos (medicamentos para regular la arritmia cardiaca) o fármacos para la angina de pecho, además de antibióticos antidepresivos, antifúngicos, antivomitivos, antipsicóticos o inhibidores de la proteasa (para personas con sida). La FDA advierte, asimismo, que no debe recetarse cisaprida a quien tenga un historial de arritmias cardiacas, muestre un electrocardiograma anormal, padezca cardiopatías, o tenga alguna enfermedad renal o pulmonar, trastornos de la alimentación, deshidratación, vómitos persistentes o niveles bajos de potasio, calcio o magnesio.

Inhibidores de la bomba de protones

Quienes los apoyan afirman que curan la esofagitis con más rapidez que los bloqueadores H2. Actúan disminuyendo la acidez del contenido del estómago al inhibir una enzima necesaria para la secreción de ácido.

En la actualidad es el puntal que usan los médicos para el tratamiento del reflujo ácido, puesto que inhibe en gran medida el ácido: supone una mejor manera de aliviar los síntomas y de ayudar a los tejidos irritados a curarse por completo. Estos fármacos ayudan a controlar la secreción ácida de los alimentos, pero no evitan el reflujo ácido durante la noche.

Entre los fármacos inhibidores de la bomba de protones disponibles con receta médica se encuentran los siguientes: omeprazol, esoemprazol, lansoprazol, rabeprazole, pantoprazol y zegerid (una combinación de bicarbonato de sodio y omeprazol). En su mayoría actúan de manera similar y sólo se usan cuando los síntomas son más graves o cuando está dañado el revestimiento del esófago.

Cómo actúan

Estos medicamentos mantienen el pH del ácido estomacal a un índice superior a un 4,0, y lo hacen desconectando casi por completo las bombas productoras de ácido del estómago. En dosis adecuadas, los fármacos inhibidores de la bomba de protones son los agentes más efectivos para curar la esofagitis y evitar complicaciones (algo que otros fármacos no realizan de manera tan eficiente). Además, aportan un alivio más completo y rápido de los síntomas del reflujo ácido. A excepción del rabeprazol, que comienza a hacer efecto a los 40 minutos, aproximadamente, este tipo de medicamentos tardan de 2 a 6 horas en empezar a hacer efecto en la producción de ácido. Tras 24 horas, reducen el ácido de manera más eficaz que cualquier otro tipo de fármaco.

Hay estudios que demuestran que el uso del lansoprazol y fármacos como el omeprazol (dos inhibidores de la bomba de protones que se comercializan) alivian los síntomas de la mayoría de los pacientes y curan el esófago en aproximadamente más del 80 % de los participantes en tales estudios (*Gastroenterología,* 1997).

Estudios recientes muestran que los índices de curación de la esofagitis erosiva están relacionados de manera positiva con una mejor inhibición del ácido estomacal, y este control relacionado, a su vez, con una menor acidez de estómago al final del día y durante la noche y con menos síntomas de regurgitaciones ácidas.

Cómo no actúan

Controlan poco o nada los casos de regurgitación y los síntomas asmáticos. En otras palabras, no actúan en los aspectos mecánicos del reflujo.

¿Son seguros?

Entre los efectos secundarios con respecto al omeprazol y otros fármacos similares, si bien poco frecuentes, se encuentran: cefaleas, diarreas, dolores abdominales y náuseas. Ciertos medicamentos, cuya absorción en el organismo depende del nivel de ácido estomacal, pueden no actuar de la forma correcta si se toman inhibidores de la bomba de protones, así como agentes procinéticos. No deben, pues, utilizarlos, a menos que sean necesarios, las embarazadas o las mujeres que estén amamantando. En el caso de niños con reflujo ácido grave, parecen ser seguros.

¿Cuándo debo consultar con el médico si padezco ardor de estómago?

El ardor de estómago es una de esas dolencias susceptibles de automedicación con fármacos sin receta, ya que se espera «a ver qué pasa», es decir, a ver si vuelve a aparecer o empeora. Siempre es preferible consultar a un médico, explicarle cómo se siente y decirle qué ha estado tomando. Si se tiene ardor de estómago varias veces por semana, a menudo suele indicar que se está sufriendo reflujo ácido o ERGE. En el caso de padecer ardor de estómago todas las semanas, hay que visitar a un médico especialista o gastroenterólogo. A continuación se mencionan los síntomas de reflujo ácido que yo denomino «señal de alarma», signos concluyentes de que hay que visitar al médico con la mayor celeridad posible:

- Dificultad al tragar o dolor agudo.
- Síntomas de ardor de estómago que aparecen a partir de los 50 años.
- Vómitos.
- Sangre en las heces.
- Pérdida de peso o de apetito sin razón aparente.
- Historial de anemia ferropénica (falta de hierro).

¿Es posible que otros medicamentos que tomo empeoren el reflujo ácido?

Es posible que los fármacos que uno toma para otros problemas de salud agraven el reflujo ácido.

Hay que consultar con el médico si el tipo de medicamentos que se toman agravan el problema. Algunos fármacos hacen que se relaje el esfínter inferior esofágico. Son los siguientes:

- Bloqueadores de los canales del calcio.

- Anticolinérgicos.
- Agonistas alfa-adrenérgicos.
- Dopamina.
- Sedantes.
- Analgésicos comunes.

Algunos fármacos debilitan la acción peristáltica del esófago y ralentizan el vaciado del estómago. Son los siguientes:

- Bloqueadores de los canales del calcio.
- Anticolinérgicos.

Otros pueden dañar el revestimiento interno del esófago, como los siguientes:

- El medicamento Alendronato (Fosamax, antiosteoporosis). Debe tomarse con agua (de 180 a 230 ml), nunca con zumo o bebidas carbónicas, con el estómago vacío, por la mañana, y después permanecer de pie 30 minutos.
- Las pastillas de hierro y potasio pueden tener un efecto corrosivo y provocar úlceras en el esófago.
- Los antibióticos pueden hacer que la mucosa sea más vulnerable a los ácidos.

Es bien sabido que los antiinflamatorios no esteroideos (AINE) pueden producir úlceras en el estómago, pero ¿pueden dañar también el esófago? Un estudio reciente ha demostrado que las personas mayores que toman estos medicamentos y tienen reflujo ácido corren un mayor riesgo de tener complicaciones, en especial estenosis, estrechamiento anormal del esófago y esófago de Barrett.

Según los participantes en el Encuentro Anual de Médicos Reumatólogos, cuando se toman antiinflamatorios no esteroideos, el riesgo de desarrollar reflujo ácido se duplica. Los resultados provienen de un estudio realizado con personas que tomaban AINE para combatir la osteoartritis. Estos medicamentos pueden contribuir al reflujo ácido al relajar la parte inferior del esfínter esofágico, permitiendo que el contenido estomacal alcance con más fácilidad el esófago (RN, marzo de 2000; vol. 63 i3:96).

Existen muchísimos antiinflamatorios no esteroideos, algunos de ellos muy comunes y conocidos:

- Aspirina.
- Ibuprofeno.
- Naproxeno.
- Diflunisal.
- Indometacina.
- Flurbiprofeno.
- Ketorolac.
- Ketoprofeno.
- Diclofenaco.

Nota: si se padece reflujo ácido, tomar ocasionalmente una aspirina u otro antiinflamatorio no esteroideo no suele provocar daño alguno, pero si se quieren evitar, una buena alternativa es el paracetamol.

¿Puede deberse al paso de una aspirina por la garganta?

A veces, los síntomas de reflujo ácido pueden aparecer sencillamente debido a que los fármacos contienen sustancias químicas irritantes que se quedan atascadas en el esófago y, finalmente, se disuelven. Lo mismo puede suceder con los suplementos de vitamina C y con antibióticos como la tetraciclina.

¿Qué pruebas se realizan para evaluar el reflujo ácido?

En el caso de que los síntomas no mejoren con los fármacos prescritos, es posible que el médico decida realizar una o más de las siguientes pruebas a fin de recabar más información. El examen del reflujo ácido a menudo incluye una endoscopia, una prueba que dura de 15 a 30 minutos.

Radiografía del tracto gastrointestinal superior (GI, o enema de bario)

El paciente debe tomar una mezcla de bario, y el radiólogo utilizará un fluoroscopio para observar el recorrido del bario por el esófago y el estómago. Se toman imágenes de rayos X. Esta prueba aporta poca información acerca del posible reflujo ácido, pero contribuye a descartar otros posibles diagnósticos, como úlceras pépticas. Es útil para determinar trastornos de deglución (dificultad para tragar los alimentos).

Endoscopia

Una vez sedado el paciente, se le introduce en la boca un tubo pequeño, ligero y flexible, que después pasa por el interior del esófago y del estómago para observar cualquier anomalía, como la inflamación o irritación del revestimiento del esófago. Se cree que es la mejor manera de identificar la esofagitis, el esófago de Barret y la inflamación del esófago. Si en la endoscopia se encuentra algo sospechoso, con frecuencia se extrae una pequeña muestra del revestimiento esofágico (biopsia) para analizarla después. Existe una nueva técnica endoscópica llamada técnica de imágenes de banda estrecha (NBI), que se combina con alta definición (HD), y permite una imagen muy precisa del revestimiento del estómago y del esófago, y, si es necesario, se centra en zonas sospechosas para examinarlas con más detalle y realizar una posible biopsia.

Manometría esofágica o análisis del pH del reflujo esofágico

En esta prueba, llamada manometría, se pasa una sonda delgada y flexible a través de la boca o la nariz hasta el estómago a fin de medir la presión y la función del esófago. También existe una prueba que dura 24 horas en la que se mide el pH del reflujo en el esófago. Las nuevas tecnologías utilizan sensores del pH que permiten detectar tanto el reflujo ácido como el no ácido. Es muy probable que el reflujo no ácido sea la causa principal de que algunos pacientes sigan sufriendo de reflujo a pesar de seguir un tratamiento médico con antiácidos.

Recomendación de intervención quirúrgica antirreflujo

Cuando el tratamiento médico no funciona, puede recomendarse una intervención quirúrgica, en especial en pacientes jóvenes que desean evitar la medicación durante muchos años. En la actualidad este tipo de intervenciones se realiza mediante la llamada fundoaplicación laparoscópica, en la que se crea una envoltura para el esófago con el fundus o parte superior del estómago a fin de incrementar la presión en el esfínter esofágico y mantener el ácido en el estómago. Este procedimiento tiene 10 años de vida y un promedio de éxito de entre un 80 y un 90 %. También las personas que tienen dañada la parte inferior del esfínter esofágico pueden beneficiarse de este tipo de intervención.

Según la International Foundation for Functional Gastrointestinal Disordes (Fundación para los problemas de funcionamiento gastrointestinal), entre un 5 y un 20 % de los pacientes que se someten a este tipo de intervenciones tienen efectos secundarios (por lo general temporales) o complicaciones asociadas a ellas. La más común de esas complicaciones es la dificultad de deglución, la incapacidad de eructar o vomitar y el síntoma de gases y eructos. Tras la intervención, un pequeño porcentaje de pacientes suele sufrir alteraciones en los movimientos intestinales con tendencia a la diarrea.

Sin embargo, tampoco la cirugía resuelve definitivamente los problemas del reflujo ácido. La reparación efectuada puede estropearse, de manera parecida a la rotura de una hernia. Las cifras de recurrencia oscilan de un 10 a un 30 % en un período de unos 20 años. En algunas personas, los síntomas del reflujo persisten incluso tras la cirugía, hasta el punto de tener que seguir tomando medicación. Antes de someterse a una intervención quirúrgica, hay que llevar a cabo una evaluación de la enfermedad, que incluye la prueba de 24 horas del reflujo y también otra de movilidad esofágica.

Opciones de nueva tecnología

Desde el año 2000, el mundo de la tecnología endoscópica y gastrointestinal ha vivido una sucesión de nuevas técnicas no invasivas ni quirúrgicas, exentas de incisiones, que la comunidad médica ha recibido con críticas diversas.

En la actualidad, existen dos dispositivos aprobados por la FDA con suficientes datos clínicos que permiten su aplicación en el tratamiento del reflujo. Son dos las empresas (C.R. Bard-Dabol, que desarrolla y distribuye a EndoCinch Suturing System) que lo han hecho posible mediante una técnica de suturas en la parte inferior de la válvula del esfínter, entre el estómago y el esófago; esas suturas crean una serie de pliegues que ajustan la válvula.

La empresa NDO Surgical ha desarrollado un sistema llamado Picator. El mecanismo realiza dos suturas profundas que atraviesan la pared de la parte superior del estómago, justo por debajo del esfínter inferior. Este conjunto de suturas crea un pliegue profundo que se asemeja al proceso quirúrgico llamado funduplicatura de Nissen. Los estudios con placebo demuestran que Plicator es superior a otros métodos realizados con más de dos tercios de pacientes que respondían con menos síntomas y la reducción o eliminación de la medicación. Si bien no es tan efectivo como la cirugía, el tratamiento endoscópico para el reflujo puede ayudar a pacientes debidamente seleccionados que no respondían por completo al tratamiento médico, no deseaban tomar medicamentos durante toda la vida, los antiácidos les provocaban efectos secundarios, o por las características del ERGE que sufrían podían beneficiarse del endurecimiento de la válvula del esfínter. Por lo general, no es necesaria la anestesia, y aunque no está exento de riesgos, este procedimiento comporta menos riesgos que la cirugía antirreflujo, que resulta mucho más invasiva. El fracaso de este tratamiento no descarta una intervención quirúrgica antirreflujo normal.

Estos tratamientos son ambulatorios, por lo que la mayoría de los pacientes no permanecen hospitalizados más de un día.

¿Qué complicaciones produce el reflujo ácido?

Tan sólo un 20 % de los pacientes atendidos en asistencia primaria sufren una forma compleja de reflujo ácido, como esofagitis, estenosis péptica o esófago de Barret (una dolencia que puede derivar hacia un proceso maligno en el que las células presentan alteraciones). Aunque los síntomas del reflujo ácido sean leves, en cualquier momento pueden surgir complicaciones, sobre todo si la enfermedad no se ha tratado. En general, alrededor de un 20 % de los pacientes con reflujo ácido llega a desarrollar ciertas complicaciones, entre ellas las siguientes:

- Estenosis esofágica (de un 4 a un 20 %), es decir, estrechamiento u obstrucción del esófago.

- Ulceración (de un 2 a un 7%).
- Hemorragia o sangrado (más de un 2%).
- Esófago de Barrett (de un 10 a un 15%), un cambio precanceroso en el revestimiento del esófago (Patient care, 34 [2000]: 26).

Si padeces los síntomas siguientes, es posible que ya se hayan producido graves daños y que sea necesaria atención médica:

- Disfasia: dificultad al tragar o sensación de que la comida se ha quedado en el esternón (casi la mitad de los pacientes con reflujo ácido afirman tener problemas de deglución).
- Sangrado: vómitos de sangre o deposiciones oscuras o negras (lo cual sucede si se han desarrollado úlceras en el esófago).
- Ahogos: sensación de que el reflujo ácido en la tráquea produce falta de aire, tos o fallos en la voz.
- Pérdida de peso.

¿Cuál es la complicación más grave del reflujo ácido crónico?

El síndrome de Barrett o esófago de Barrett. Como consecuencia de la constante y crónica exposición al ácido estomacal, el revestimiento del esófago llega a parecerse a las paredes intestinales. En realidad, se trata del intento del organismo de proteger al esófago del ácido, sustituyendo sus células normales por unas similares a las del revestimiento intestinal. Aunque los pacientes dicen a menudo que en realidad el ardor de estómago ha mejorado con el síndrome de Barrett, se trata de una enfermedad precancerosa con un riesgo multiplicado por treinta para el desarrollo de un cáncer esofágico. Según un nuevo estudio (*Gastroenterology*, 2007), la excesiva grasa abdominal incrementa 2,4 veces el riesgo del esófago de Barrett en comparación con las personas que no tienen grasa abdominal. Según el Dr. Thomas L. Vaughan y el Fred Hutchinson Cancer Research Center, de Seattle, eso explica en parte por qué los hombres (que suelen acumular grasa en esa zona) tienen un mayor riesgo de desarrollar el esófago de Barrett y cáncer de esófago que las mujeres.

¿Es posible que el reflujo ácido empeore el asma?

Sí, es posible. Algunos investigadores estiman que cerca de la mitad de los pacientes asmáticos tienen también reflujo ácido. ¿Cómo saber si el reflujo ácido empeora el asma? He aquí algunas claves:

1. ¿Empezaste a tener asma cuando eras adulto?
2. ¿Sientes que el asma empeora después de comer, al tumbarte o cuando haces ejercicio?
3. ¿Tienes asma sobre todo por la noche?

Si has contestado afirmativamente a las tres preguntas, aquí tienes buenas noticias: tratar el reflujo ácido puede mejorar los síntomas del asma (sucede en más o menos un 70 % de los pacientes). Algunos especialistas creen que el ácido que se filtra del esófago inferior estimula los nervios que circulan a lo largo del cuello hasta el pecho, causando constricción bronquial y dificultad respiratoria. Asimismo, puede respirarse una pequeña cantidad de ácido, lo que, como consecuencia, irrita las vías altas respiratorias y desencadena síntomas asmáticos.

¿Qué fue primero, el huevo o la gallina? Para algunas personas puede suceder de otro modo. ¿Puede producir el asma reflujo ácido? Los especialistas están aún estudiándolo, pero suponen que la tos y los estornudos de los ataques asmáticos pueden provocar alteraciones en el pecho y provocar el reflujo. También es posible que ciertos fármacos contra el asma (para la dilatación de las vías respiratorias) relajen el esfínter esofágico inferior y contribuyan al reflujo ácido.

Si eres asmático y no crees que el ácido estomacal te llegue al esófago, debes replanteártelo. La investigadora Susan Harading, junto con el Centro de trastornos del sueño de la Universidad de Alabama, descubrió que el 62 % de los pacientes asmáticos sometidos a estudio y que *no* tenían síntomas de reflujo ácido mostraron signos físicos de ácido estomacal en la porción superior del esófago durante 24 horas.

El asma provocado por el ejercicio físico no parece estar relacionado con el reflujo ácido. Si eres asmático y tienes síntomas de reflujo, debes considerar seriamente iniciar un tratamiento para esta dolencia. Y si no tienes síntomas pero controlas mal el asma, habla con tu medico acerca de la prueba del pH del esófago a fin de determinar si padeces reflujo ácido asintomático.

¿Qué problemas de nariz, garganta y oído pueden estar asociados al reflujo ácido?

¿Padeces lo siguiente?:

- Tos crónica.
- Irritación de garganta.
- Laringitis con ronquera (sucede cuando el ácido estomacal alcanza la laringe).
- Tendencia a aclarar la voz.
- Bultos en las cuerdas vocales.

El reflujo ácido puede causar estos problemas. Esa constelación de síntomas bajo el paraguas del ERGE constituye lo que se llama reflujo faringolaríngeo o RFL. Si estos problemas no mejoran con los tratamientos estándar, pregúntale a tu médico si el reflujo ácido puede estar relacionado. El tratamiento del RFL con antiácidos no tiene demasiado éxito y requiere un largo período de tratamiento.

¿Una vez curado el esófago puede producirse una recaída?

Sí, el reflujo ácido suele ser crónico y recurrente. Un 80 % de las personas que se han curado de una esofagitis experimentan una recaída a las ocho semanas de haber acabado el tratamiento. Y el 75 % de quienes han tenido resultados negativos en una endoscopia, tras acabar un tratamiento con omeprazol, experimentan nuevos síntomas al cabo de seis meses. Estas estadísticas te despejarán las dudas rápidamente. Por ello, evitar las recaídas es una de las principales preocupaciones en el caso del reflujo ácido, junto al alivio de los síntomas y la curación de la esofagitis.

¿Qué tiene que ver la hernia de hiato con el reflujo ácido?

La hernia de hiato tiene lugar cuando una pequeña porción de estómago asciende hacia el pecho a través de un pequeño orificio del diafragma (el músculo que separa el pecho del estómago).

¿Qué produce la hernia de hiato? Toser, vomitar, un sobreesfuerzo o levantar un objeto pesado son cosas que pueden aumentar la presión en la zona abdominal y provocar una hernia de hiato. Puede aparecer también en personas sanas al envejecer, si bien es posible que surja a cualquier edad. Las hernias de hiato pueden dañar la función del esfínter esofágico inferior, pero recientes estudios no han podido demostrar que ocasionen directamente el reflujo ácido. Hay muchas personas con hernia de hiato que no sufren reflujo ni esofagitis, pero quienes tienen reflujo ácido y hernia de hiato suelen padecer reflujo ácido en su forma más grave.

¿Me duele el pecho a causa del reflujo ácido o del corazón?

Los primeros síntomas de un infarto pueden confundirse con el ardor de estómago. Es extremadamente importante saber si lo que causa el dolor en el pecho es el reflujo ácido o una cardiopatía más grave, como una angina de pecho o un infarto. Tanto el infarto como el reflujo ácido pueden aparecer tras una comida pesada. Hay pacientes con una enfermedad coronaria que pueden tener un fuerte dolor de pecho debido al reflujo ácido. Algunos especialistas creen que en esos pacientes el ácido del esófago puede activar nervios que de manera temporal reduzcan el paso de la sangre al corazón.

Lo mejor siempre es acudir a un médico para que valore el dolor del pecho, pero, de todos modos, aquí encontrarás unos cuantos datos que pueden ayudarte a aclarar esa situación; se trata de las circunstancias que están asociadas al reflujo ácido:

- Dolor que persiste durante horas.
- Dolor en el esternón y que no se extiende a la parte lateral del cuerpo.
- Dolor que interrumpe el sueño o que está relacionado con la comida.
- Dolor que mejora con antiácidos o bloqueadores H2.

Hay que llamar inmediatamente a urgencias si:

- Nunca antes se ha tenido ardor de estómago y se tiene dolor y opresión en el pecho.
- Los antiácidos no alivian la sensación de ardor en el pecho al cabo de 10 o 15 minutos.

Además de lo que uno considera ardor de estómago, aparecen:

- Ahogos.
- Sudores.

- Náuseas.
- Mareos.
- Vahídos.
- Debilidad general.
- Dolor que irradia del pecho a la mandíbula, la espalda o los brazos.

¡Estos síntomas indican que se está padeciendo un infarto!

¿Es eficaz cambiar el estilo de vida?

Se aconseja cambiar el estilo de vida, sea cual sea la gravedad del reflujo ácido, ya que es una manera sencilla y económica de mejorar los síntomas y reducir el riesgo de sufrir recaídas. De hecho, el 20 % de las personas con reflujo ácido moderado afirman que un cambio en los hábitos mejora los síntomas de esta enfermedad. Pero, si además de reflujo ácido se sufre esofagitis (inflamación del esófago), el tratamiento más eficaz consiste en reducir la acidez y el volumen potencial del líquido del reflujo con fármacos que bloqueen los ácidos.

¿A qué cambios de estilo de vida nos referimos?

Si fumas, pregúntate si el humo empeora los síntomas del reflujo ácido.

Si tomas alcohol, piensa si los síntomas empeoran después de tomarlo.

No te acuestes hasta que no hayan transcurrido tres horas desde la última comida. Si te vas a la cama a las 22.00 h, deberás cenar entre las 18.00 y las 19.00 h. Esto reduce el contenido del estómago y el ácido que puede refluir mientras se está tumbado. Si sueles tomarte un sándwich antes de irte a dormir, no lo hagas, ya que tienes un alto riesgo de tener síntomas de reflujo ácido.

Intenta no vestir ropa ajustada. La ropa presiona el estómago y hace que el ácido estomacal fluya al esófago.

Si tienes sobrepeso, intenta perder algunos kilos. La obesidad contribuye al reflujo ácido, pues un peso extra alrededor del estómago presiona el contenido del mismo, lo que hace que el ácido se dirija al esófago.

En cuanto a las comidas, evita los alimentos que reduzcan el tono de la válvula del esófago (grasas y chocolate) y también los que irriten su revestimiento (zumo de limón, salsa de tomate y pimienta). En el capítulo 2 encontrarás más consejos sobre la alimentación.

Si tomas comidas pesadas, corres el riesgo de tener ataques de acidez de estómago, en especial si después de una comida abundante duermes una siesta rápida tumbado boca arriba (o doblando la cintura).

¿Cómo dormir con reflujo ácido?

Para muchas personas con reflujo ácido, las horas de sueño son una verdadera pesadilla. A ello contribuye en gran parte el hecho de tumbarse en la cama, ya que es entonces cuando el contenido del estómago accede con más facilidad a la abertura del esófago.

Se pueden tomar varias medidas para que el reflujo ácido no aparezca a la hora de acostarse:

- Irse a la cama cuatro horas después de la última comida.
- Elevar el cabezal de la cama unos 15 centímetros, colocando unos bloques bajo las patas o bien debajo del colchón, de modo que la cabeza quede unos 15 a 20 centímetros más alta que el resto. Esto hace que el esófago se eleve ligeramente por encima del estómago, de modo que el contenido tiene más dificultad para llegar al esófago cuando se está tumbado.
- Es preferible dormir sobre el lado izquierdo que sobre el derecho, pues así el estómago está en una posición más adecuada.

Un equipo médico del Philadelphia's Graduate Hospital observó atentamente el flujo ácido y la postura en la cama de 10 personas. Si bien dormir boca arriba les produjo frecuentes, aunque breves ataques, dormir sobre el lado derecho les causó más dolores y trastornos, lo que determina que lo mejor es dormir sobre el lado izquierdo, ya que fluye menos ácido. Si bien este estudio no es determinante, hay que intentar dormir sobre este lado.

Nota: los síntomas más frecuentes del reflujo ácido son tan comunes que es posible no asociarlos a una enfermedad. El autodiagnóstico puede llevar a un tratamiento erróneo. Consultar con un médico es primordial para conseguir un buen diagnóstico y tratamiento del reflujo ácido.

Los objetivos del tratamiento del reflujo ácido son:

- Controlar los síntomas para sentirse mejor.
- Curar inflamaciones o heridas en el esófago.
- Controlar o prever las complicaciones de la enfermedad.
- Hacer que remitan los síntomas del reflujo ácido, de manera que la vida cotidiana no resulte afectada o quede mínimamente afectada por la dolencia.

Definiciones

Esófago: largo conducto, de unos 25 centímetros, que une la garganta y el estómago.

Esofagitis: suave o moderada inflamación del esófago o del revestimiento esofágico interno.

¿Cómo saber si el ardor de estómago es grave?

Hay tres cosas para medir la gravedad del ardor de estómago:

1. Duración de un episodio de ardor de estómago.
2. Frecuencia de los ardores de estómago.
3. Intensidad del ardor de estómago.

A la hora de acudir a un gastroenterólogo es de gran ayuda tener respuesta a estas tres cuestiones.

Claves para determinar la gravedad

- Tener ardor de estómago al menos dos veces por semana.
- El ardor de estómago no mejora con antiácidos o con medicamentos sin receta.
- El ardor de estómago va asociado a atragantamiento, pérdida de peso o anemia.

¿Por qué dejar de fumar?

Cuando se fuma, el tabaco empeora el reflujo ácido, ya que lo potencia de estas tres maneras:

- Inhibe o disminuye la saliva, y ésta protege el esófago.
- Estimula la producción de ácido estomacal.
- Relaja el esfínter entre el esófago y el estómago, lo que permite que el ácido ascienda al esófago.

¿Con qué frecuencia utilizas un medicamento sin receta para aliviar los síntomas?

Si empleas un fármaco para aliviar las molestias más de dos veces por semana, debes consultar a un médico, ya que éste confirmará el diagnóstico y te proporcionará un tratamiento adecuado, que puede incluir si es preciso unos medicamentos más fuertes.

La gravedad del reflujo ácido depende de:

- Disfunción del esfínter esofágico inferior.
- Tipo y cantidad del flujo que llega del estómago al esófago.
- Efecto neutralizador de la saliva.

¿Qué es la ERGE?

ERGE son las siglas de Enfermedad de reflujo gastroeso-fágico, más comúnmente conocida como enfermedad de reflujo ácido, si bien el reflujo no ácido juega también un papel importante.

¿Qué es la dispepsia?

Cerca de la mitad de las personas que sufren reflujo ácido tienen dispepsia, un término médico que hace referencia a la indigestión. Entre sus síntomas se encuentran el ardor de estómago, la sensación de plenitud y las náuseas después de las comidas, síntomas que suelen aumentar en épocas de estrés.

Para tu información

Existen ciertos fármacos que ciertamente empeoran los síntomas del reflujo ácido, por ello es muy importante consultar con el médico sobre qué tomar.

¿Funcionan mejor los antiácidos líquidos que los que se administran en pastillas?

Existe la creencia general de que los antiácidos líquidos hacen efecto con más rapidez y que son más eficaces que las pastillas, pero hay pruebas evidentes de que todos funcionan igual de bien.

¿Qué hacer cuando ni los antiácidos sin receta ni los bloqueadores H2 hacen efecto?

Tomar antiácidos sin receta médica y bloqueadores H2 para aliviar el ardor de estómago sin consultar con un médico puede estar bien para un ardor de estómago ocasional, pero no debe hacerse a diario.

En caso de ser así, pueden llegar a enmascarar una enfermedad más grave, así como complicaciones derivadas del reflujo ácido. Cuando se usan en exceso, estos fármacos pueden acarrear efectos secundarios, además de resultar costosos.

Si se sufre ador de estómago más de dos veces por semana y va asociado al atragantamiento, la pérdida de peso o la anemia, es necesario acudir de inmediato a un médico.

¡Aunque los síntomas mejoren, la enfermedad puede empeorar!

Aunque parezca increíble, cuando el esófago está dañado, los síntomas de ardor de estómago suelen mejorar. Por ello, siempre que el ardor de estómago sea persistente hay que acudir al médico.

¿Cómo prevenir las complicaciones derivadas del reflujo ácido?

- No hay que ignorar los síntomas persistentes de ardor de estómago y de reflujo ácido.
- Hay que acudir pronto al médico. La causa física del reflujo ácido puede tratarse y las complicaciones más graves, evitarse.

¿Tener reflujo ácido aumenta el riesgo de sufrir cáncer de esófago?

Un estudio reciente ha determinado que las personas con reflujo ácido tienen un mayor riesgo de sufrir un tipo de cáncer esofágico (adenocarcinoma esofágico), con independencia de que hayan desarrollado o no el síndrome de Barrett. En otro reciente estudio (*New England Journal of Medicine*, 18 [1999]:825), se descubrió que los pacientes con un historial de reflujo ácido tenían un riesgo 7 veces mayor de padecer un adenocarcinoma esofágico, y los que llevaban sufriendo un reflujo ácido grave durante mucho tiempo tenían un riesgo 43 veces mayor. En Estados Unidos, por ejemplo, la incidencia global y la mortalidad asociada al cáncer de esófago han aumentado en las tres pasadas décadas de un 15 a un 20 % (*Nat Clinical Gastro Hepato 4* [2006]:2-3).

Algunos especialistas sospechan que la bilis (no el ácido estomacal) que refluye en el esófago puede aumentar el riesgo de cambios cancerosos en el organismo. La bilis es un fluido digestivo compuesto de agua, sales biliares, lecitina y colesterol, que por lo general se almacena en la vesícula biliar y se libera al intestino delgado para ayudar en la digestión de los alimentos y absorber sus componentes. Existe un procedimiento quirúrgico que puede ser efectivo para eliminar tanto el reflujo biliar como el reflujo ácido.

Más acerca del asma

El asma es una enfermedad crónica que afecta, por ejemplo, sólo en Estados Unidos a más de 17 millones de personas. Cuando se tiene un ataque de asma, las células pulmonares producen abundante mucosidad, lo que congestiona las vías respiratorias. Los conductos bronquiales se inflaman y los músculos que los rodean tiran de ellos, lo que hace que las vías se estrechen y sea más difícil respirar.

Manera sencilla y práctica de elevar el cabezal de la cama

Puede hacerlo uno mismo: en un cuadrado de madera de unos 10 x 10 centímetros se clavan dos tapas de tarro a una distancia adecuada para elevar las patas o las ruedecillas del cabezal de la cama. Si no se emplean tapas de tarro, se corre el riesgo de que el extremo del cabezal se desplace y caiga de la pieza de madera, con el consiguiente hecho de despertar de un sueño feliz al ocupante.

Capítulo 2

Todo lo que siempre quisiste saber sobre los alimentos y el reflujo ácido

Enseguida podrás comprobar por ti mismo que cuando comes o bebes ciertas cosas y en determinadas cantidades, comienza el reflujo ácido.

¿Te gustaría saber de qué alimentos se trata, de modo que puedas prever y quizás prepararte contra ellos (con fármacos si es necesario)? En el siguiente capítulo encontrarás todo lo que necesitas saber acerca de qué, cuánto y cuándo comer.

Una pequeña advertencia: algunas de las sugerencias acerca de las comidas son más fáciles de ingerir que otras. Los especialistas están de acuerdo en que las personas responden de manera diferente a los alimentos y a las bebidas; se trata de características personales.

¿Con qué alimentos debo tener cuidado si padezco reflujo ácido?

Hace quince años, la dieta antirreflujo ácido requería limitar aquellos alimentos que parecen agravar los síntomas de reflujo ácido: condimentos fuertes, alimentos grasos, ácidos, el café, el té y los refrescos de cola. Y, además, a la lista de alimentos prohibidos hay que añadir dos más que se creía que potenciaban el reflujo del ácido estomacal en el esófago. ¿De qué alimentos se trata? Prepárate, lector, porque estoy segura de que no te va a gustar… la menta y el chocolate.

¿Sigue siendo la vieja dieta antirreflujo de hace 15 años la regla de oro? Sí, aunque con ciertas modificaciones. Esos alimentos y bebidas potencian el reflujo, bien debilitando el esfínter esofágico inferior, aumentando el contenido ácido del estómago o inflamando el abdomen y causando presión hacia el esófago.

Los alimentos que debilitan el esfínter esofágico inferior estimulan el reflujo ácido o el ardor de estómago, por lo que deben tomarse en pequeñas cantidades o bien eliminarlos de la dieta. Entre ellos se encuentran:

- Alimentos fritos o grasos.
- Café (también el descafeinado, ya que aumenta el contenido ácido del estómago).
- Té y bebidas de cola (aumentan el contenido ácido del estómago).
- Bebidas alcohólicas (si bien algunos estudios han demostrado que en pequeñas cantidades el alcohol protege las membranas mucosas).
- Chocolate.
- Menta y menta verde.
- Ajo
- Cebolla.

Alimentos que aumentan el contenido ácido del estómago y deben limitarse o consumirse en pequeñas cantidades:

- Todas las bebidas con cafeína (café, té y soda con cafeína).
- Café (incluido el descafeinado).
- Fruta ácida y zumos ácidos.
- Alimentos que contengan tomate.
- Ajonjolí o guindilla.

Sustancias que inflaman el abdomen y ejercen una presión que fuerza al ácido a retornar al esófago:

- Todas las bebidas carbónicas.

Reconozco que las listas anteriores no presagian nada bueno. ¿Cómo preparar una comida italiana sin una buena cantidad de ajo, cebolla o salsa de tomate?

Y si perteneces al mundo occidental, ¿cómo afrontar la mañana sin una taza de café? ¿Y qué decir del alcohol? Si te gusta tomarte una copa de vez en cuando, ¿tienes que dejar de hacerlo?

Depende. ¿Cuán grave es el reflujo ácido? ¿Qué bebidas y alimentos te afectan personalmente, en qué cantidades y a qué hora del día?

Alianza nacional del ardor de estómago (NHBA, según sus siglas en inglés)

La Alianza nacional del ardor de estómago ha desarrollado una guía que agrupa los alimentos en categorías según los problemas que pueden producir.

- **Carnes y legumbres:** ternera picada, ternera veteada, nuggets y alitas de pollo.
- **Grasas, aceites y dulces:** chocolate, patatas chips y chips de maíz, galletas de mantequilla, *brownies*, donuts, aderezos para ensaladas, licores, vinos, café y té.
- **Frutas y verduras:** zumos de naranja y limón, zumo de uva, zumo de arándanos, patatas fritas, tomate, cebolla cruda y ensalada de patatas.
- **Cereales:** macarrones con queso, espaguetis son salsa italiana (marinara).
- **Lácteos:** crema agria, batidos, helados, requesón.

Para más información, consulta la página web de la NHBA: *www.heartburnalliance.org.*

¿Por qué tengo ardor de estómago cada vez que tomo alimentos picantes?

Tal vez hayas advertido que los alimentos picantes (excepto la guindilla y la pimienta) no aparecen en las listas anteriores, y ello obedece a que en realidad no producen ardor de estómago. Lo que hacen es llamar la atención sobre ellos, algo con lo que cuenta mi libro. Dicho de otro modo: tomar cosas picantes no incrementa el ácido estomacal ni debilita de repente el esfínter esofágico; en cambio, cuando el contenido del estómago llega al esófago la presencia de especias picantes hace que éste se irrite.

¿Qué hago si me gusta la comida picante?

- Come poca cantidad.
- Evita comer mucha cantidad cuando tomes algo picante (en general, comer demasiado acentúa el ardor de estómago).
- Intenta no tomar alcohol o café (aunque sea descafeinado) con los alimentos picantes.
- Intenta no echarte una siesta ni acostarte hasta que no hayan transcurrido unas cuantas horas después de tomar alimentos picantes.
- Después de comer, masca chicle, ya que aumenta la salivación.

¿Qué alternativas hay a la comida picante?

Hay personas que toleran en poca cantidad el vinagre de arroz o el de manzana, aunque otras muchas también toleran estos otros condimentos sin ningún tipo de problemas: salsa de soja, mostaza, mostaza de miel, mayonesa ligera y jaleas de fruta. En general, las hierbas aromáticas y las especias secas son menos proclives a potenciar el ardor de estómago, lo mismo que la cebolla y el ajo seco, la canela molida, la macia, el jengibre molido, el cilantro, la albahaca, el tomillo, el eneldo, el comino y el estragón. La albahaca y el cilantro son dos de mis hierbas favoritas. Así pues, es cuestión de descubrir qué especias y hierbas tolera cada uno y tenerlas a mano a la hora de cocinar.

Alcohol

Algunos estudios han demostrado que en realidad una escasa cantidad de alcohol protege las mucosas. También se sabe que un poco de alcohol acelera el vaciado del estómago, algo beneficioso cuando se sufre reflujo ácido. Cuanto más rápidamente llega el contenido del estómago vacío al intestino delgado, antes se evita que el esófago padezca por el ácido estomacal.

Pero hasta aquí llega la ayuda del alcohol al reflujo ácido. El alcohol relaja el esfínter (lo que en principio acentúa el reflujo ácido) y también irrita las mucosas del esófago cuando lo recorre. Si bien una pequeña dosis de alcohol puede ayudar al estómago a vaciar su contenido, una gran cantidad ralentiza ese proceso (como si el estómago se sintiera confuso y borracho) y también el movimiento intestinal (*Am. J. Gastroenterology*, 95 [2000]: 3374-82).

¿Cuánto es poco? Eso depende de cada persona. He hablado con personas que podían controlar bien los síntomas del reflujo ácido con sólo una copa al día.

¿De qué tipo de alcohol se trata? Todos los tipos de alcohol son perjudiciales, pero para algunos el vino tinto es el más problemático.

Si tomo café descafeinado, ¿seguiré teniendo reflujo?

Las semillas de café tostadas contienen unas proteínas que estimulan la secreción de ácido estomacal. El café descafeinado contiene las mismas proteínas que el café natural. Así pues, aunque para otros problemas de salud es más aconsejable el café descafeinado, no sucede lo mismo con el reflujo ácido. De todos modos pueden encontrarse «cafés digestivos», que pueden o no ayudar, dependiendo de la persona. Son cafés bajos en ácidos y que los comercializan marcas como Simply Smooth (Folgers), Gentle Java (Coffe Legends) y Puroast Low Acid Coffee, por ejemplo.

A veces no se trata de la calidad, sino de la cantidad

Aunque uno siga las reglas y no consuma alimentos que empeoran el reflujo ácido, es posible que aun así los síntomas no cedan. Puede deberse a que no se está teniendo en cuenta la cantidad de alimentos que se ingiere. Cuanto más se carga al estómago, más tiempo estarán los alimentos en su interior.

Comer poco y en tomas frecuentes a lo largo del día y algo frugal a la hora de la cena es lo mejor que se puede hacer, atendiendo a muchas razones de salud (es lo mejor para la diabetes, la obesidad, etcétera), razones a las que ahora se suma el reflujo ácido. Dedicarse a una nueva y saludable manera de comer significa dar un paso hacia la libertad, algo de lo que más adelante hablaremos.

Si nos acostamos a las 22.00 h, la última comida del día deberá realizarse a las 18.00 h.

Las comidas a última hora de la noche son un problema. Acostarse justo después de beber o de comer es conflictivo, y la razón es puramente física: cuando estamos de pie o sentados, el estómago está en posición vertical y el contenido del mismo tiene que luchar contra la gravedad para llegar al esófago. Pero si nos tumbamos o nos recostamos, ese contenido rota automáticamente hacia la válvula que separa la parte superior del estómago del esófago inferior, pues la gravedad ya no lo mantiene hacia abajo.

Para asegurarse de que a la hora de acostarse la última comida del día ya ha abandonado prácticamente el estómago, hay que evitar comer o beber al menos tres o cuatro horas antes de ese momento. Eso quiere decir que si uno se va a dormir a las 22.00 h, deberá cenar hacia las 18.00 h. También hay que tener en cuenta que es mejor no hacer ejercicio físico vigoroso inmediatamente después de comer, sobre todo aquellos que incluyan correr o hacer flexiones, ya que provocan reflujo.

¿Hay alimentos o hábitos que potencien el reflujo?

¡Saliva al rescate!

En lo que al reflujo ácido se refiere, la saliva, que es alcalina, contribuye a mantener húmeda la parte inferior del esófago y de algún modo lo protege del reflujo ácido. ¿Qué podemos hacer tras una comida para incrementar la salivación y reducir la intensidad del ardor de estómago?

- Mascar chicle (no debe ser de sabores ácidos).
- Chupar pastillas antiácidas o pastillas para la tos.
- Tomar encurtidos dulces, pero no agrios.

¿Mascamos chicle?

La salivación, potenciada por la masticación, ayuda a neutralizar el ácido y obliga a los fluidos ácidos a volver al lugar al que pertenecen: ¡el estómago!

En un estudio, a 31 personas se les proporcionó alimentos que provocaban ardor de estómago, y a algunas de ellas se les dijo que mascaran chicle durante media hora, el mismo tiempo en que se vio después que el nivel de ácido en el esófago era bastante inferior comparado con los otros individuos.

Otro estudio puso de relieve que los efectos beneficiosos del chicle en cuanto a la eliminación del ardor de estómago llegaban a durar hasta tres horas.

Comer despacio

Hay que relajarse y tomarse el tiempo suficiente tanto en las comidas como en los tentempiés. Cuando se come despacio y se disfruta de cada bocado es mucho menos probable ingerir demasiada cantidad de alimento. Tomar menos alimentos y menos calorías contribuye a evitar el ardor de estómago.

Comer poco y con frecuencia

Comer menos, hacerlo de manera más frecuente a lo largo del día y cenar de manera frugal constituye un buen hábito para diversos problemas de salud, incluido el reflujo ácido. Para más información, consejos vacacionales y recetas, *véase* el capítulo 3.

¿Se puede caminar y mascar al mismo tiempo?

Según un nuevo estudio realizado por el Centro Médico de Ayudas a los Veteranos, en Nuevo Mexico (*Aliment. Pharmacol. Ther.*, 15[2001]:151-5), mascar chicle durante una hora después de comer reduce el tiempo en que el ácido estomacal está en contacto con el esófago.

Capítulo 3

Diez pasos en la alimentación encaminados a la libertad

¿Significa este título que si hago esas diez cosas ya no padeceré los efectos del reflujo ácido?

Me gustaría que la respuesta a esa pregunta fuera sí, pero lamentablemente no lo es. Este título significa que si el lector combina los consejos más importantes acerca de la alimentación y el estilo de vida que ha leído hasta ahora en este libro llegará a los diez pasos que le aproximarán a la liberación de los síntomas del reflujo ácido.

Esto me recuerda aquel conocido chiste: «Doctor, cada vez que … me muero de dolor y de desesperación», a lo que el médico le responde: «Pues no haga eso». Sólo hay que sustituir los puntos suspensivos por los alimentos o los hábitos que de manera invariable le causan ardor de estómago. En este caso, el chiste quedaría así: «Doctor, cada vez que como grasas y fritos sufro terribles ardores de estómago», a lo que el médico respondería «¡Pues no tome alimentos grasos ni fritos!».

El reflujo ácido varía en cada persona. Hay quien tiene unos síntomas más suaves y sufre menos daño en el esófago, mientras que otros tienen síntomas más graves y un mayor deterioro en el esófago. Hay personas a quienes ciertos alimentos y bebidas les provocan problemas, mientras que a otras lo que más les afecta es la cantidad de comida que ingieren y la hora a la que lo hacen. Hay gente que batalla contra el ardor de estómago y la hay que lo sufre por la noche.

En resumen, la alimentación no causa directamente el reflujo ácido, pero sí es cierto que éste puede verse estimulado y agravado por la comida y la bebida.

Paso n.º 1: comer con frecuencia y en pequeñas cantidades, en vez de comer mucho y de vez en cuando.

Hay dos maneras de contemplar este paso: desde el punto de vista de comer menos y con más frecuencia o desde el de evitar hacer *grandes y opulentas comidas*. Los occidentales solemos hacer lo contrario de lo que indica este paso: podemos saltarnos una o dos comidas, pero solemos comer *mucho*. Éste es un hábito que hay que evitar. La clave para comer poco y con frecuencia estriba en mantener esta regla básica: comer cuando se tiene hambre y dejar de comer cuando se siente a gusto.

Según mi propia experiencia, cuando actuamos así, acabamos haciendo comidas más pequeñas y ligeras, lo que nos hace tener hambre antes y acabar comiendo con más frecuencia.

Comer más a menudo y en menor cantidad es una buena idea por diversas razones relacionadas con la salud, pero sobre todo es eficaz en las personas con reflujo ácido. Veamos por qué:

- Una menor cantidad de alimentos bajos en grasa permanece menos tiempo en el estómago y llega con mayor facilidad a los intestinos. Cuanto menos tiempo permanezca el alimento en el estómago, menos tiempo se extenderá su contenido (incluido el ácido estomacal) a otras zonas e irritará el tracto gastrointestinal.
- Una comida abundante llena el estómago y puede llegar a presionar el esfínter del esófago inferior hasta abrirlo y permitir que el contenido estomacal llegue al esófago. Imaginemos una botella de 2 litros con dos vasos de soda o agua carbonada en su interior. Si la cerramos bien y la agitamos, al destaparla será difícil que el líquido se derrame, pero si esa misma botella la llenamos casi por completo de soda, la tapamos y la agitamos, al destaparla parte de ese líquido saldrá disparado. Nuestro estómago funciona de manera muy parecida.

¿Por qué las comidas abundantes provocan el ardor de estómago?

¿Se trata de la cantidad de comida? ¿Se debe a las calorías? Un reciente estudio realizado en Alemania (*Aliment Pharmacol. Ther.*, feb. 2001, 15[2]: 233-239) intentó contestar a esas preguntas. En él se concluyó que la cantidad de reflujo ácido que produce una comida parece depender más del volumen de alimento que de las calorías del mismo. En otras palabras: los investigadores sugieren que si se come bastante de cualquier cosa, aunque sea baja en calorías, lo más posible es que aparezca ardor de estómago por la cantidad que ha ingerido.

Otros sorprendentes beneficios de comer en pequeñas cantidades

Si no deseas comer menos y con más frecuencia para reducir el reflujo ácido, simplemente lo puedes hacer por estas otras razones:

- Nuestro cuerpo y nuestro cerebro requieren una constante provisión de energía en sangre. Si comemos poco y con frecuencia, es más fácil mantener estables el azúcar en sangre y el nivel de energía, lo cual evita cefaleas, irritabilidad y ansiedad por comer o comer en exceso.
- Cuanto mayor es una comida, mayor es la cantidad de calorías ingeridas de los hidratos de carbono, grasas y proteínas, y mayor será el nivel en sangre de esos nutrientes tras una «comilona». Tras una gran comida, la energía decae, y a veces le sigue una siesta. Pero si se realizan comidas pequeñas y frecuentes, la energía vital acompaña durante todo el día.
- Físicamente es más agradable realizar pequeñas comidas, ya que uno no se siente abrumado o abotargado como ocurre después de un gran ágape. Si nos sentimos ligeros, también nos sentiremos más activos, y cuanto más físicamente activo se siente uno, más calorías quema a lo largo del día, lo cual ayuda a deshacerse de los kilos extras que rodean

el estómago y a... ¡reducir los síntomas del reflujo ácido!

- Comer menos y más a menudo es magnífico para controlar el apetito. Un nivel estable de azúcar en sangre hace que uno no se sienta excesivamente hambriento, que coma demasiado o que caiga en la tentación de tomar alimentos ricos en azúcares o grasas.

- Se ha observado en ciertos estudios que la obesidad es menos común en las personas que comen con mayor frecuencia, ya que si se ingiere menos cantidad y más a menudo no se cae en la tentación de pasarse con cualquier alimento. Las grandes comilonas llenan el flujo sanguíneo de grasas, proteínas y calorías. El cuerpo tiene que deshacerse de las calorías extras. Pero, ¿qué tiene que ver esto con el sobrepeso?, se preguntará el lector. Todas las calorías extras se convierten en grasa corporal que el organismo almacena.

- Si bien aún se está investigando, es posible que esta manera de alimentarse contribuya a reducir el nivel de colesterol. La razón reside en que al evitar comidas abundantes también se evita la gran subida de triglicéridos que suele acaecer tras una comida abundante y rica en grasas.

- Quemamos más calorías al digerir, absorber y metabolizar los alimentos cuando comemos con mayor frecuencia. El organismo quema calorías cuando digiere y absorbe alimentos. Cada vez que comemos se pone en marcha el proceso digestivo. Si realizamos seis pequeñas comidas en vez de dos grandes, iniciamos el proceso digestivo tres veces más al día y, por tanto, quemamos más calorías. Las calorías que se queman al activar el metabolismo son aproximadamente un 10 % del total de calorías que ingerimos a diario.

¿Con qué frecuencia debemos tomar esas «pequeñas comidas»?

Los especialistas no han determinado un esquema alimentario ideal para las personas que padecen reflujo ácido, pero, según parece, cuanto más cerca esté una comida de otra, mejores serán los resultados. Cuanto mayor sea el intervalo entre una comida o un aperitivo y la cena, por ejemplo, mayor acabará siendo la cena.

Si uno toma un pequeño desayuno, un tentempié a media mañana, una comida ligera al mediodía, un aperitivo a media tarde y una cena ligera, todo ello suma un total de 6 comidas ligeras. Hasta que se tengan más datos, el mejor consejo es espaciar las comidas según el criterio de cada uno, según su apetito.

Combatir la ansiedad de comer por la noche

Durante el día, quemamos el 70 % de las calorías como si se tratara de combustible, pero ¿a qué hora, por ejemplo, ingieren los occidentales la mayoría de las calorías?: por la tarde-noche. Comer poco y a menudo puede evitar ese hábito. Si uno realiza comidas ligeras durante el día, come cuando está hambriento y deja de hacerlo cuando se siente a gusto, es más fácil evitar hacer grandes comilonas y tomar pasteles y postres por la noche. Hay que tener en cuenta que lo que se come por la noche llega al flujo sanguíneo a la hora de ponernos el pijama. No se trata de comer como si fuéramos a prepararnos para una maratón o algo similar.

Es más fácil decirlo que hacerlo

Nuestra sociedad por lo general suele realizar tres comidas al día, la más abundante de las cuales por la tarde-noche. Se trata de un mal hábito que hay que evitar. Si se suele comer fuera de casa es especialmente difícil ingerir sólo la mitad de lo que te sirven en el restaurante y dejar la otra mitad para más tarde. Si, por ejemplo, tenemos ensalada y espaguetis para comer, podemos tomar la ensalada y la mitad de los espaguetis y dejar la otra mitad y el pan de ajo que a veces acompaña la comida para el día siguiente. No digo que sea fácil, pero puede hacerse.

> **Hay que acabar una comida con la sensación de que se está a gusto, no repleto**
> *Es más fácil que con el estómago repleto el ácido llegue al esófago, por tanto, si lo llenamos en exceso, es más fácil que se produzca ardor de estómago*

Paso n.° 2: perder algunos kilos extras (en el caso de tener sobrepeso), pero sin seguir dietas de moda

Otra vez esas terribles palabras: «pierda algunos kilos». Uno llega a odiarlas. Como si fuera tan fácil.

Tener sobrepeso con frecuencia empeora los síntomas del reflujo ácido, y son muchas las personas con kilos de más que sienten alivio cuando adelgazan un poco.

El ardor de estómago puede disminuir mucho antes de lo que uno cree. Un reciente estudio realizado con personas con sobrepeso y reflujo ácido que participaban en una dieta para perder peso verificó que los participantes vieron cómo los síntomas de esta enfermedad mejoraban tres semanas *antes* de que experimentaran un cambio de peso. ¡La gratificación instantánea puede ser algo magnífico!

Si eres una mujer con un índice de masa corporal (IMC) superior a 30, tienes tres veces más riesgo de sufrir reflujo ácido, según se afirma en el Nurses' Health Study. Pero perder peso sin caer en dietas de moda es algo complicado, tal y como explico en el capítulo 4. (Téngase en cuenta que antes de llevar a cabo una dieta para perder peso hay que consultar a un médico).

Paso n.° 3: evitar tomar alimentos ricos en grasas siempre que sea posible con el fin de perder peso (si es el caso) y reducir los síntomas del reflujo ácido

Se cree que las comidas grasas o los fritos debilitan el esfínter esofágico, lo cual estimula el reflujo ácido, por lo que se recomienda evitarlas cuando se sufre esta enfermedad. Se ha hablado asimismo de que la relajación del esfínter suele aparecer tras las comidas, y que una buena cantidad de alimentos grasos en el intestino delgado estimula esa reacción (*New England Journal of Medicine*, 331 [1994]: 656).

Pero últimamente esta recomendación está siendo cuestionada por algunos investigadores que estudian si es el volumen de alimentos o la densidad calórica de los mismos lo que causa realmente problemas.

¿Son los alimentos ricos en grasa los que producen estas alteraciones?

Últimamente se debate con vehemencia en todo el mundo sobre si las personas con reflujo ácido deben seguir evitando los alimentos grasos y cremosos. Algunos especialistas afirman que la experiencia demuestra que muchos de los alimentos ricos en grasa provocan grandes problemas en algunas personas. Otros dicen que lo que importa es el volumen de los alimentos y no de las grasas, y hay otros que señalan a la densidad calórica como la principal culpable.

¿Es posible que se aúne todo? ¿Existen otras maneras más sutiles de que los alimentos grasos contribuyan a que algunas personas tengan ardor de estómago? Así, por ejemplo, cuanto mayor sea el contenido graso de la comida, mayor será el tiempo que ésta permanecerá en el estómago antes de pasar al intestino delgado. ¿O comemos en exceso o con un gran contenido calórico cuando nos pasamos con aquellos alimentos que nos tientan, altos en grasas?

En un reciente artículo (*Eur. J. Gastroenterol. Hepatol.* 12 [2000]: 1345-1345), un investigador italiano sugería que los alimentos grasos, comparados con otros equilibrados, no provocaban reflujo ácido siempre que la aportación calórica fuera la misma. Pero es más probable que una comida rica en grasas sea un filón de calorías, porque un gramo de grasa equivale a nueve calorías, mientras que un gramo de hidratos de carbono y un gramo de proteínas equivalen a cuatro calorías.

Durante los últimos 15 años he convertido en más ligeras cientos de recetas modificando sus ingredientes: he utilizado ingredientes que reducían las grasas, he reducido las que no eran necesarias o las he sustituido por ingredientes mucho menos grasos o calóricos. En cada caso, las calorías siempre se reducen cuando se elimina la mitad de la grasa. El mismo plato, la misma ración de comida, pero con la mitad de grasas y menos calorías.

Si hacemos caso de los resultados del estudio mencionado anteriormente, en el que se afirma que es el volumen de alimento más que la densidad calórica lo que influye en el reflujo ácido, ¿qué papel juegan los alimentos grasos?¿Cuáles son los alimentos de los que solemos abusar? ¿Abusamos de los yogures? ¿O del brócoli al vapor? ¿O del salmón a la plancha? Acostumbramos a abusar de las patatas fritas, las pizzas, las costillas, los filetes, los pasteles y las galletas de chocolate, todos ellos alimentos conocidos por ser ricos en grasas.

Una de las razones por las que aconsejo limitar las porciones de los alimentos ricos en grasas es porque las personas que no siguen una dieta alta en grasas suelen perder peso y mantenerlo. Se trata de algo importante, pues uno de los pasos para la libertad es perder el exceso de peso (si es que se da ese caso). Así pues, lo mejor es reducir la ingesta de grasas siempre que sea posible. En los capítulos 6 y 7, así como en mis otros libros, *Food Synergy, Fry Light, Fry Right* y *Comfort Food Makeovers,* aporto consejos para ingerir menos grasas cuando se come fuera de casa.

Paso n.º 4: los alimentos y bebidas que debilitan el esfínter esofágico inferior deben tomarse en pequeñas cantidades o limitarse

- Alimentos fritos o grasos.
- Chocolate.
- Menta.
- Ajo.
- Cebolla.

Se considera que las bebidas siguientes producen reflujo ácido y deben limitarse, en especial antes de acostarse.

- Café (también el descafeinado, ya que aumenta el contenido ácido del estómago).
- Té y refrescos de cola (aumentan el contenido ácido del estómago).
- Bebidas alcohólicas.

Cuesta creer que algo tan refrescante como la menta pueda ocasionar problemas, pero según el Centro estatal de medicina complementaria y alternativa, uno de los efectos secundarios del aceite de menta es que provoca ardor de estómago.

Se dan numerosas experiencias con los alimentos anteriormente mencionados; en este sentido, he hablado con muchos pacientes que padecían reflujo ácido y todos ellos tenían diferentes historias que contar. Algunas personas no experimentaban reacción alguna con los ajos y las cebollas, mientras que otras afirmaban que literalmente no las podían ni tocar. Un hombre afirmaba que se tomaba una taza de café nada más levantarse de la cama, y una mujer juraba que se tomaba un té por la mañana y eso le aliviaba el reflujo ácido.

¿Y qué hay del alcohol? ¿Importa el tipo de alcohol que se tome? ¿Importa la cantidad? Sí, una vez más, importa. Hay quien asegura que el vino tinto es lo que más le perjudica. Un hombre me dijo que una cerveza era lo máximo que podía beber. Imagino que cualquier cosa con alcohol debilita el esfínter y estimula el reflujo ácido. Tu trabajo, lector, si es que aceptas llevarlo a cabo, es descubrir cuánto es demasiado para ti. Hay quien determina que lo más fácil es no probar el alcohol.

¿Qué opciones quedan?

Las bebidas de soda causan distensión en el abdomen, lo que aumenta la presión en el estómago y facilita que el ácido estomacal llegue al esófago. Los zumos de limón y de tomate irritan un esófago ya dañado. Las bebidas alcohólicas, el café (también el descafeinado), el té y la cola aumentan la acidez del estómago, a la vez que relajan el esfínter esofágico inferior. Entonces ¿qué opciones quedan para beber? Se puede beber agua, agua mineral sin sabores ni gas, té descafeinado, zumos que no sean cítricos, zumos vegetales (excepto los de tomate), o leche desnatada o semidesnatada.

La cláusula del chocolate

No puedo imaginarme un día sin un poco de chocolate. Por lo general me tomo mi «bocadito» justo después de comer, porque es cuando el cuerpo me lo pide. Un bocado puede ser una chocolatina o un puñado de chips de chocolate; no es demasiado, es lo justo. De modo que tendría un gran problema con la lista de alimentos anterior al limitar mi capricho favorito. Una amiga con reflujo ácido me dijo que le iba bien un puñadito de M & Ms, pero que notaba molestias cuando comía *brownies*. Pregunté a médicos especialistas las siguientes cuestiones: ¿es relevante el tipo de chocolate que uno tome?, ¿y la cantidad? Nadie parece saberlo: chocolate puro o mezclado, con leche, amargo o semidulce. ¿Cómo pueden ignorar algo tan importante? Cada uno tendrá que imaginarse cuál y cuánto chocolate le sienta mejor. ¿Va bien un puñadito, pero un poco más ya es pasarse? ¿Es verdad que algunos deliciosos postres de chocolate (como los *brownies*) producen problemas? ¿Ayuda que el postre de chocolate sea bajo en grasas?

Paso n.° 5: los alimentos que aumentan el ácido estomacal deben consumirse en pequeñas cantidades

- Café (también el café descafeinado, ya que aumenta el contenido ácido del estómago).
- Té y bebidas de cola (aumentan el ácido estomacal).
- Calcio en la leche (se cree que el calcio que se añade a la leche aumenta la secreción ácida del estómago).

Sé que leer esta lista es como un *déjà vu*, pues se trata de las mismas bebidas que aparecían en el paso 4 y que se decía que debilitaban el esfínter esofágico inferior, pero también incrementan el contenido ácido estomacal. Un revés doble para el reflujo ácido. Hay personas que pueden tolerar cierta cantidad de estas bebidas en momentos determinados del día, algunas a primera hora de la mañana, pero no a última de la tarde. La propia experiencia es la que dictará cuál es el mejor momento para tomarse una tacita de café.

Paso n.º 6: deben limitarse los alimentos que irritan un revestimiento esofágico ya dañado (si existe el daño)

- Zumos y cítricos.
- Tomates y productos que contengan tomate.
- Pimienta.
- Guindilla (hay estudios que determinan que un componente de la guindilla, la capsaicina, puede aumentar la sensibilidad del revestimiento esofágico).

Dependiendo del tipo de cocina que uno prefiera, será difícil seguir uno o todos estos consejos. Si te gusta la comida mexicana o la italiana y no te sientan bien los tomates ni los productos que los contengan, no te resultará fácil. Si te encanta la comida mexicana y los platos asiáticos muy especiados y notas que las guindillas te producen ardor de estómago, tampoco lo vas a tener muy bien. Es posible que seas muy sensible a estos alimentos y tengas que evitarlos, o quizás compruebes que una pequeña cantidad, algo semejante a una «degustación», es lo máximo que puedes tomar.

Es posible que descubras que puedes tomar esos alimentos en cantidades pequeñas y no demasiado tarde (en la comida, por ejemplo).

¿Especias problemáticas?

Tal vez las especias que se mencionan a continuación irriten el recubrimiento del estómago:

- Pimienta negra.
- Pimentón.
- Tabasco.
- Guindilla en polvo.
- Curry en polvo.
- Menta.
- Clavo.
- Semillas de mostaza.
- Nuez moscada.
- Ajo fresco (crudo o cocido).

Paso n.º 7: deben limitarse los alimentos que producen inflamación abdominal y presión, haciendo que el ácido estomacal vuelva al esófago

Deben limitarse todas las bebidas carbónicas. A mí personalmente me costaría muchísimo no volver a tomar ningún refresco. Soy adicta a la Pepsi-Cola *light*, pero a media tarde ya no tomo ninguna. A ciertas personas para cumplir con este paso les bastará con reducir el número de bebidas carbónicas que toman y no eliminarlas por completo. Es posible que un refresco por la tarde siente bien, pero si se toma después de una comida abundante y por la noche es muy probable que no sea así.

¿Loco por la capsaicina?

Existe una línea muy fina entre el placer y el dolor. Dependiendo de las papilas gustativas y de las preferencias, uno puede volverse loco por ingredientes irritantes, como las guindillas. La capsaicina es el componente activo de los pimientos picantes, usados como especias en todo el planeta. Esta sustancia provoca un dolor ardiente (pungencia) al activar unos determinados receptores en las terminaciones sensoriales de los nervios.

Si se sufre ardor de estómago, la capsaicina puede ir mucho más allá del acostumbrado efecto placentero o irritante que produce en la boca. Es posible que la capsaicina aumente la sensibilidad del revestimiento interno del esófago y produzca un dolor intenso cuando el ácido estomacal sube al esfínter del esófago. En años venideros conoceremos más cosas acerca de las guindillas, pero mientras tanto que cada uno asuma sus propios riesgos...

Paso n.º 8: incluir en cada comida alimentos ricos en fibra

¿Tomar alimentos ricos en fibra ayuda a combatir el ardor de estómago? Sí, es cierto. Según un estudio realizado con personas que seguían una dieta rica en fibra, éstas tenían un 20% menos de posibilidades de tener síntomas de reflujo ácido, con independencia de su peso corporal. La fibra se encuentra en los cereales integrales, las frutas, las verduras, las legumbres, los frutos secos y las semillas (Gut. enero 2005, News Release, Dep. of Veterans Affairs «Dietary Intake and the risk of Gastroesophageal Reflux Disease» El-Sera.. H.B.).

Uno de los pasos más importantes para incluir alimentos ricos en fibra en todas las comidas es pasarse definitivamente a los cereales integrales siempre que esto sea posible. Aquí tenemos una de las razones: en un estudio holandés llevado a cabo con hombres y mujeres de edades comprendidas entre los 55 y los 69 años se observó que mientras se incrementaba el consumo de cereales integrales, disminuían el índice de masa corporal y el riesgo de sobrepeso y obesidad (*European Journal of Clinical Nutrition*, 26 de sep., 2007) Van de Vijver *et al.*, «El consumo de cereales integrales, la ingesta diaria de fibra y el índice de masa corporal en el estudio holandés».

¡Contemos la fibra!

Por lo general, la gente no suele pensar en tomar la suficiente cantidad de fibra. La mayoría de nosotros no sabemos cuántos gramos de fibra tomamos al día. Y la verdad es que en cuanto a la mayoría de las dietas occidentales, esa cantidad debería duplicarse...

Según una reciente publicación de la Asociación de Dietistas Norteamericanos acerca de la salud y la ingesta diaria de fibra, la mayoría de nosotros no llegamos ni de cerca a la cantidad recomendada: de 20 a 35 gramos al día. En Estados Unidos, por ejemplo, la ingesta de fibra se sitúa en la mitad: unos 14 gramos diarios. No sorprende que cuando uno piensa en alimentos con fibra la búsqueda no coincida con esas cifras recomendadas. Tomamos fibra cuando comemos alimentos no procesados, como fruta, verdura, cereales integrales, frutos secos o semillas, pero gran parte de la alimentación occidental, por ejemplo, no incluye precisamente esos alimentos. En un menú típico de comida rápida resultaría difícil encontrar fruta, verdura, cereales integrales o legumbres.

¿Cuánta fibra necesitamos?

Ingesta de fibra recomendada: 25 g en una dieta diaria de 2.000 calorías.

Información nutricional en el etiquetado: 30 g en una dieta diaria de 2.500 calorías.

Todos los tipos de fibra son importantes

Existe diferencia entre el tipo de fibra del salvado de trigo y la lechuga y el tipo de fibra de la avena y las manzanas. Una es por lo general un tipo de fibra leñosa (no soluble en agua) y la otra es de tipo más suave y viscosa, que se disuelve en el agua. Pero ambas clases aportan beneficios al organismo.

Tipo de fibra: viscosa y soluble en agua.

Cómo beneficia al organismo: forma una especie de sustancia gelatinosa que, al ser digerida:

- Evita que el colesterol y las grasas saturadas accedan al flujo sanguíneo, donde, de otro modo, esas sustancias se aglutinarían y formarían placas en las paredes arteriales. «Está comprobado el importante papel del salvado de trigo y sus beta-glucanos (fibra soluble) en la reducción de los diversos factores de riesgo a la hora de sufrir enfermedades cardiovasculares», Dr. Jeffrey Blumberg, director del Laboratorio de Investigación de Antioxidantes de la Universidad de Tufts.
- Se sabe, asimismo, que este tipo de fibra contribuye a minimizar la subida de azúcar posterior a una comida, algo especialmente valioso para los diabéticos.

Fuentes de fibra: legumbres (ambos tipos de fibra), avena y salvado de avena, cebada, llantén, algunas frutas (manzana, mango, kiwi, pera, mora, fresa, frambuesa, melocotón, cítricos, fruta deshidratada: albaricoques, ciruelas e higos), y algunas verduras (alcachofa, apio, boniato, chirivía, nabo, calabaza, patata con piel, col de Bruselas, guisantes, brócoli, zanahoria, judías verdes, coliflor, espárrago y remolacha).

Tipo de fibra: fibra leñosa (que no se disuelve en el agua).

Cómo beneficia al organismo: contribuye al tránsito intestinal y reduce el riesgo de sufrir problemas de colon. Asimismo, limita el riesgo de padecer hemorroides, venas varicosas y obesidad (producen sensación de saciedad).

Fuentes de fibra: trigo y salvado de trigo completo, arroz integral, bulgur, legumbres (ambos tipos de fibra), frutas y verduras (en general) no citadas previamente como fibra soluble.

¿Por qué es tan buena la fibra?

¡Cuesta creer que algo que ni siquiera podemos digerir y absorber sea tan bueno para nuestro organismo! Si duplicamos la ingesta total de fibra diaria, tendremos:

- Menos ardor de estómago.
- Una digestión más lenta, lo cual hará que comamos menos y perdamos peso (ambas cosas también contribuyen a que aparezca menos ardor de estómago).
- Nivel más bajo de colesterol en sangre.
- Mejorar y evitar el estreñimiento.

Se ha comprobado que la fibra aumenta la saciedad no sólo disminuyendo la densidad energética de los alimentos, sino también ralentizando el ritmo en que éstos pasan por el tracto digestivo. Tan sólo duplicando la cantidad diaria de fibra que tomamos, pasando de 15 a 30 gramos aproximadamente, se puede reducir la ingesta de calorías.

El Dr. Joanne Slavin, investigador de la obesidad en la Universidad de Minnesota, afirma que los estudios epidemiológicos siguen mostrando la importancia de ingerir alimentos ricos en fibra y reducir el peso corporal. «La mejor protección reside en tomar una mayor cantidad de fibra, al menos 25 g diarios en el caso de las mujeres», afirma el

Dr. Slavin. Según este médico, la fibra en la dieta nos hace sentir más saciados, reduce la digestión y ayuda a reducir la glucosa y la insulina en sangre, razones por las que las personas que siguen dietas ricas en fibra pesan menos y son menos propensas a acumular algunos kilos con los años.

Las seis maneras más rápidas de ingerir 25 gramos de fibra

¿Cómo podemos tomar más fibra en nuestra dieta diaria de manera rápida e indolora? Aquí tenemos seis maneras de incorporar fibra en la dieta diaria.

Consumir cereales integrales:
2 rebanadas de pan integral = 4 gramos de fibra.
1 taza de arroz integral cocido = 4 gramos de fibra.
7 galletas de trigo bajas en grasa = 3 gramos de fibra.

Cereales del desayuno:
1 taza de Raisin Bran (salvado con pasas, comercializados por varias empresas) = 7,5 g de fibra.
1 taza de Quaker Squares Baked in Cinnamon (cereales de avena con canela) = 5 gramos de fibra.
1 taza de Frosted Shredded Wheat Spoonsize (cereales para desayuno de trigo completo)= 5 gramos de fibra.
¾ de taza de copos de avena cocida = 3 gramos de fibra.

Alubias
1 taza de sopa minestrone en lata = 5 gramos de fibra, aproximadamente.

½ taza de alubias aptas para vegetarianos o sin grasa = 6 gramos de fibra, aproximadamente.

¼ de taza de frijoles con ensalada verde = 3 gramos de fibra.

Un burrito de frijoles = 8 gramos de fibra.

Fruta

Podemos añadir fruta al desayuno, tomar fruta como ten-tempié y también utilizarla como guarnición en el plato principal de una comida. También podemos sustituir los postres por fruta o tomarla con ellos.

1 manzana grande = 4 gramos de fibra.

1 plátano = 3 gramos de fibra.

1 pera = 4 gramos de fibra.

1 taza de fresas = 4 gramos de fibra.

Semillas de lino: una cucharada diaria con un batido de frutas, la sopa o un guiso, o añadida al alimento que uno quiera, representa un gran aporte de fibra. Dos cucharadas equivalen a 6 gramos de fibra. Las semillas de lino contienen los dos tipos de fibra: soluble e insoluble.

Verduras: se pueden preparar de mil maneras. Hay que intentar tomar varias raciones al día, una con la comida, crudas como tentempié o aperitivo, y una generosa ración en la cena. También pueden constituir un plato principal vegetariano varias veces por semana o más.

1 taza de zanahorias cocidas o guisadas = 5 gr de fibra.

1 taza de brócoli cocido = 4,5 g de fibra.

1 taza de zanahorias crudas = 4 gramos de fibra.

1 boniato = 4 gramos de fibra.

1 taza de coliflor cocida = 3 gramos de fibra.
2 tazas de espinacas crudas = 3 gramos de fibra.

Las mejores fibras	
Alimento	**Fibra (en gramos)**
Salvado (½ taza)	10
Judías, lentejas (½ taza)	6-9
Alcachofa (½)	6,5
Espaguetis de trigo integral (1 taza)	6
Pera (½)	5
Galletas de centeno integral (2)	5
Boniato (1 mediano)	5
Guisantes frescos y congelados (½ taza)	5
Pan integral de trigo (2 rebanadas)	4-8
Moras/frambuesas (½ taza)	4
Salvado de avena (¼ de taza)	4
Palomitas de maíz (6 tazas)	4
Patata asada (media)	4
Ciruelas en compota o guisadas (½ taza)	4
Verdura variada cocida (½ taza)	4
Manzanas (1 grande)	1
Brócoli cocido (1 taza)	6
Almendras (30 gramos)	3,5
Espinacas (½ taza cocidas o 2 tazas crudas)	3,5
Plátanos (1 mediano)	3
Naranjas (1 mediana)	3
Fresas (1 taza)	3

Recomendaciones

- A mayor ingesta de fibra, mayor cantidad de agua hay que tomar.
- La fibra irá aumentando gradualmente para que el tracto intestinal se adapte a ella.
- Las personas con problemas intestinales (estreñimiento incluido) deben tener cuidado con la ingesta de fibra, y antes de aumentarla en la dieta, tendrán que consultar con su médico.

Paso n.° 9: no comer de tres a cuatro horas antes de acostarse

Dicho de otro modo: no acostarse hasta que no hayan transcurrido unas cuatro horas después de comer. En el capítulo 1 hablamos de que cuando el cuerpo está en posición horizontal, el estómago también lo está, por lo que en el caso de que esté lleno, es mucho más probable que se produzca reflujo ácido.

Cuando se está derecho, en posición vertical, el contenido del estómago tiene que luchar contra la fuerza de la gravedad para llegar al esófago inferior.

Véase el capítulo 1 para más consejos sobre cómo dormir cuando se tiene reflujo ácido.

La hora mágica

Lo curioso es que hay muchos pacientes con reflujo ácido que tienen menos problemas por la noche y, en cambio, sufren más durante el día. Sin embargo, para la mayoría, «las horas mágicas» son las que suelen preceder a la cena.

Paso n.° 10: haz más efectivos los recursos para combatir el ardor de estómago y emprende cambios en tu estilo de vida que también te ayuden

He aquí cuatro cambios en tu estilo de vida que puedes abordar hoy mismo:

1. Los siguientes alimentos y acciones contribuyen a aumentar la secreción de saliva. El bicarbonato en la saliva neutraliza el ácido y la saliva espesa hidrata el recubrimiento del esófago y actúa como una ligera barrera frente al ácido estomacal.
   - Mascar chicle (con sabor a frutas, no mentolado, pues la menta, según parece, irrita) después de las comidas estimula la producción de saliva. El chicle después de las comidas aumenta, además, el peristaltismo (movimiento muscular involuntario gracias al cual los alimentos circulan por el tracto intestinal), lo cual ayuda a que el contenido del estómago llegue con mayor rapidez al intestino delgado.
   - Chupar antiácidos o pastillas para la tos después de las comidas estimula la producción de saliva.
   - Beber agua del grifo ayuda a diluir el ácido estomacal y a eliminar el ácido que cubre el esófago. Tomar un vasito de agua después de las comidas ayuda a diluir y arrastrar el ácido estomacal que puede llegar hasta el esófago.

- Tomar encurtidos dulces, puesto que se sabe que sirven de ayuda.
2. Es útil llevar un diario sobre el ardor de estómago para así saber qué cosas lo provocan. Hay que anotar lo que se come, cuándo y cuánto se come y seguir la pista de cuándo aparece el ardor de estómago. Se trata de intentar averiguar claves y pautas.

Llevar un diario de comidas y ardor de estómago

La realidad es que cada persona tiene sus propios detonantes de ardor de estómago. Existen ciertos denominadores comunes –y de ellos se habla a lo largo de este libro–, pero lo que realmente ayuda es conocer lo que desencadena el ardor de estómago, ya sea en alimentos específicos o en bebidas que uno come o bebe en determinadas cantidades, en ciertos momentos del día. Se puede identificar mucho mejor qué alimentos y bebidas provocan ardor de estómago si se van anotando en un diario.

Veamos una página a modo de ejemplo de cómo llevar un diario de este tipo. Cuando se sufra ardor de estómago, se tendrá que anotar debajo de la columna correspondiente, y también la intensidad con la que se presenta. Si se toma medicación, hay también que anotar qué se toma y a qué hora.

Dia 1   **Fecha** _____

Hora	*comida/bebida*	*ardor (intensidad)*	*medicación*
6.00 h			
8.00 h			
10.00 h			
12.00 h			
14.00 h			
16.00 h			
18.00 h			
20.00 h			
22.00 h			

3. ¡Dejar de fumar! El tabaco debilita el esfínter del esófago inferior, situado entre el estómago superior y el esófago inferior.
4. Mantener elevado el cabezal de la cama unos 15 centímetros.

Muestra de un día sin ardor de estómago

Leer las sugerencias dietéticas acerca de los pasos para liberarse del ardor de estómago puede ser una tarea ardua y también difícil de prever. Aquí tenemos una muestra diaria que engloba la mayoría de las sugerencias.

6.30 h Desayuno
Cereales ricos en fibra, calientes o fríos, con leche desnatada o semidesnatada.
Pavo bajo en grasa.
Manzana o zumo de uva.

10.00 h Tentempié a media mañana
Yogur desnatado.
½ taza de fruta fresca.
Té verde.

12.30 h Comida
Sándwich de pavo asado y aguacate con pan integral de trigo.
Zanahorias u otras verduras crudas.
Acabar la comida con un vaso de agua.
Mascar chicle con sabor de fruta, no mentolado, después de comer.

15.30 h Merienda

Galletas integrales.

Queso bajo en grasa.

Manzana.

Té verde.

17.30-18.30 h Hacer un poco de ejercicio

Pasta rica en fibra (como la marca Barilla Plus).

Con salsa de pesto o un poco de carne magra o pescado, si se prefiere.

Verdura al vapor.

Postre ligero.

Acabar la comida con un vaso de agua.

Después de comer, mascar chicle que no sea mentolado.

22. 30 h

Resumen

No se trata de una ciencia exacta. Se trata básicamente de qué, cuándo y cuánto. *Qué* comer, *cuánto* comer y *cuándo* comer puede ser bueno o malo para el reflujo ácido. Los 10 pasos en la alimentación encaminados a la libertad muestran aquello que más molesta a la mayoría o a algunos, y ayuda a comprender cómo ciertos alimentos provocan reflujo ácido. Aparte de eso, cada uno tiene que escribir su propia historia sobre su reflujo ácido.

Capítulo 4

Perder peso

¿Por qué en un libro sobre el reflujo ácido hay un capítulo entero dedicado a perder peso? Está claro que una persona puede ser delgada como una supermodelo y aun así tener reflujo ácido, pero la verdad es que la mayoría de la gente que lo padece tiene sobrepeso. Y es un exceso de equipaje (una manera de hablar), sobre todo si se encuentra alrededor del abdomen.

Sólo una pérdida de peso del 10 % (cuando hay obesidad o sobrepeso) puede mejorar los síntomas de ardor de estómago, o, dicho de otro modo, tan sólo el aumento de unos pocos kilos en personas con un peso normal puede ocasionar o agravar los síntomas de reflujo ácido.

Pensemos en esto: los 5 o 10 kilos extras alrededor de la cintura presionan directamente el estómago, lo que hace que su contenido ascienda. Cuando uno tiene reflujo ácido esto no suele ser nada bueno.

Tengo que decir en primer lugar que no creo en las dietas de moda, y se trata de una de las peores cosas que puedes hacer. El primer lugar, la pérdida de peso no es duradera; por lo general, sólo un 5 % consigue mantener la pérdida de peso durante un período de cinco años, y un tercio vuelve a ganar lo que ha perdido al cabo de un año. Esto significa que por cada 100 personas que siguen este tipo de dietas, como mucho, sólo cinco no vuelven a recuperar los kilos perdidos en los cinco años siguientes. Y no sólo eso, sino que cada vez que uno se embarca en una dieta para perder peso, rápidamente le pone más difícil al organismo liberarse de esos kilos de más en el futuro.

Cada vez que se pierde peso de manera rápida, el organismo intenta ganar y mantener los kilos que había perdido. Una de las razones es que cuando se pierden kilos con rapidez, el organismo suele perder masa muscular y proteínas, pero cuando los kilos vuelven, lo hacen en forma de grasa corporal. Esa pérdida muscular hace disminuir la cantidad de calorías que uno quema para mantener las funciones básicas del organismo.

A menor número de calorías quemadas para mantener las funciones corporales, mayor es la posibilidad de acumular calorías y kilos extras.

Sólo hay que decir no a las dietas y a los productos dietéticos

Me doy perfecta cuenta de que en nuestra sociedad dejar de lado las dietas es una batalla complicada. Cada día nos abruman las famosas contándonos cómo mantenerse delgadas, y artículos en las revistas donde nos cuentan cómo perder peso de manera rápida –cada uno afirmando que es el definitivo–. No hay que creerles. Hay que resistir la presión y seguir el propio camino. Si aun así quedan preguntas por hacer, aquí aporto las que me formulan a mí mis pacientes acerca de este tipo de dietas.

¿Las dietas hiperproteicas y pobres en hidratos de carbono sirven para perder peso? ¿Tienen riesgos?

Las dietas ricas en proteínas y bajas en hidratos de carbono no se recomiendan para seguirlas durante un período largo de tiempo. Los hidratos de carbono, y no las proteínas, son la principal fuente de energía del organismo. Cuando el cuerpo usa las proteínas como energía, el nitrógeno es lo primero que elimina, y todo el nitrógeno extra debe eliminarse por las vías urinarias, pues demasiada cantidad circulando por el cuerpo es tóxica. Eso puede sobrecargar los riñones. Las personas que tienen problemas renales no deben seguir dietas ricas en proteínas.

Hay un hecho relacionado con la pérdida de peso que siempre debe tenerse en cuenta. Las grasas se almacenan en el cuerpo cuando las calorías que tomamos son mayores que las que quemamos, sea cual sea la fuente de la que procedan.

No se ha estudiado aún el efecto a largo plazo de las dietas de moda hipercalóricas. Es cierto que muchas personas pierden peso con estas dietas, pues en su mayoría son bajas en calorías, y al limitar los hidratos de carbono, fuerzan a sus seguidores a limitar el tamaño de las raciones. La pérdida de peso tiene que ver más con la reducción del total de calorías y las raciones más pequeñas que con el hecho de que se trate de una dieta hipocalórica. Pero no está probada la duración de la pérdida de kilos ni tampoco lo saludable de la dieta. He conocido a varias personas que perdieron peso con una de esas dietas ricas en proteínas, pero ninguna de ellas ha mantenido la pérdida de peso, que volvió a ser el mismo que tenían al empezar.

¿Son las dietas ricas en calorías más sanas que las dietas ricas en hidratos de carbono?

¡No! Pero es de esperar que la dieta rica en hidratos de carbono sea más equilibrada con ciertas proteínas y unas cuantas grasas, y en general ofrece hidratos de carbono compuestos (cereales integrales, verduras, legumbres y fruta) y no demasiado azúcar y cereales refinados. No hay que olvidar que las dietas hipercalóricas carecen generalmente de muchos de los nutrientes importantes que contienen los cereales, las frutas, las verduras y las legumbres (alimentos ricos en hidratos de carbono), como la fibra y las sustancias fitoquímicas. Las dietas hipercalóricas son también con frecuencia ricas en grasas. Muchas no pueden seguirse más de unos cuantos meses, pues son difíciles de mantener. En resumen: no hay pruebas de que los individuos que pierden peso con estas dietas lo mantengan más que las personas que lo pierden siguiendo una dieta equilibrada y sana con muchos vegetales.

¿Controlan o empeoran las dietas hipercalóricas el reflujo ácido?

Yo considero que empeoran el reflujo ácido, pero lo cierto es que aún no tenemos los estudios pertinentes que lo confirmen. Pero lo que sí sabemos es que cuando comemos, el estómago segrega la hormona gastrina, que estimula la producción de ácido clorhídrico, un ácido que ayuda a digerir los alimentos pero que también es el principal componente relacionado con el ardor de estómago. Los alimentos que tomamos contienen a su vez algo que estimula la producción de la gastrina; se trata de la proteína. Una de las sustancias principales que se digieren en el estómago es la proteína. El ácido clorhídrico libera las proteínas de los alimentos y las descompone en pequeñas unidades llamadas aminoácidos.

Así pues, ésta es una poderosa razón de por qué seguir una dieta rica en proteínas no es un buen augurio para las personas con reflujo ácido. Pero hay otra razón: muchas de las proteínas de origen animal aportan, además, grandes dosis de grasas, y se sabe que los alimentos ricos en grasa son un desencadenante común del ardor de estómago. Pero recientemente, en Estados Unidos, la National Heartburn Alliance (Coalición Nacional para el ardor de estómago) realizó una pequeña e informal encuesta a personas que habían seguido una dieta baja en hidratos de carbono. En cerca de la mitad de los encuestados, los síntomas no cambiaron o empeoraron, mientras que en la otra mitad, los síntomas mejoraron un poco o bastante. El problema de esta encuesta es que las dietas bajas en hidratos de carbono se centraban desde la dieta Atkins o la de South Beach, a una en la que simplemente se tomaba menos pasta y menos pan.

Oigo hablar de hidratos de carbono refinados, simples, compuestos, ¿qué es lo que necesito saber?

No hay que dejarse influenciar por la retórica antihidratos de carbono. Lo que no se dice en todos esos mensajes acerca de los hidratos de carbono es que no se puede meter en el mismo saco nutricional al azúcar y al brócoli o al pan integral, ya que es absurdo. No hay evidencia alguna de que no debamos comer cereales integrales, legumbres, fruta y verdura. En cuanto al exceso de bebidas gaseosas, grasas, galletas con mucho azúcar y cereales refinados, eso ya es otra historia. A continuación se muestran algunas definiciones que nos ayudarán a comprender mejor la información:

- **Hidratos de carbono simples:** moléculas de azúcares simples o monosacáridos. Estos azúcares simples son el componente básico de todos los hidratos de carbono. Se encuentran de manera natural en la glucosa, la fructosa o la galactosa. El azúcar de mesa está compuesto por la unión de dos azúcares, la sucrosa y la lactosa; y el azúcar de la leche está constituido también por dos azúcares (glucosa y galactosa). Los hidratos de carbono simples se digieren rápidamente para formar las moléculas de glucosa.
- **Hidratos de carbono compuestos:** en ellos se encuentran largos filamentos de moléculas de azúcares unidos, los polisacáridos. Necesitan más tiempo para descomponerse en glucosa. El pan, la pasta, los alimentos compuestos de cereales y los vegetales con almidón, como el maíz y las patatas, son excelentes fuentes de hidratos de carbono compuestos.

- **Hidratos de carbono refinados:** son aquellos a los que se les ha extraído ciertos componentes, generalmente el germen y el salvado. Tanto los hidratos de carbono simples como los compuestos pueden ser «refinados». El azúcar de mesa es un alimento refinado a partir del azúcar integral. También el zumo de fruta es refinado cuando se eliminan del mismo la pulpa y la fibra.

Es importante conocer los hidratos de carbono complejos y los naturales, sin refinar. Contienen el germen de la semilla, en el cual se encuentran las vitaminas y los aceites esenciales, así como el salvado, que aporta fibra y sustancias fotoquímicas. Por lo general, cuanto mayor es la cantidad de fibra en un hidrato de carbono, más complejo es éste, y más lentamente pasa a ser glucosa en sangre, lo cual ayuda a mantener el nivel de azúcar en sangre equilibrado y constante.

¿Qué ocurre con los anuncios de productos y alimentos que ayudan a quemar grasas mientras uno duerme?

Para quemar grasas, el organismo necesita estar en una situación deficitaria que requiera más calorías de las que se toman con los alimentos. Eso significa hacer ejercicio, formar musculatura y comer menos de lo que el cuerpo necesita. Ya sabes lo que se suele decir: si parece demasiado bueno para ser verdad, es que generalmente es así. Para vender un producto se dice cualquier cosa. La mayor parte de esas afirmaciones no tienen ningún respaldo científico.

Hay que evitar comprar productos para adelgazar que contengan sustancias estimulantes, como la efedrina, el ma huang, el guaraná o grandes dosis de cafeína. Son sustancias que aceleran el ritmo metabólico, pero pueden ser muy peligrosas, y no ofrecen la ventaja de perder peso a largo plazo, que es lo que en realidad importa. Hay que evitar caer en la tentación de las soluciones rápidas. Quitarse de encima los kilos de más lleva su tiempo. Es necesario concentrarse en comer de manera saludable y en hacer ejercicio, algo que beneficia al organismo de varias maneras, y deshacerse de kilos extra es una de ellas.

No hay quien siga mucho tiempo esas dietas de moda, pues al final siempre cansan. Cuando se siguen esas dietas, uno gasta la mayor parte de su tiempo y también la energía pensando en seguirlas. Pero la vida no significa eso; comer debe significar calmar el hambre, nutrir el cuerpo y, además, disfrutar de los alimentos.

Quemar dos ardores de estómago de un tiro (comer más fruta y verdura)

Tomar más frutas y verduras te ayudará a seguir el paso n.º 2 (perder algunos kilos extra, en el caso de tener sobrepeso, pero sin seguir dietas de moda) y el paso n.º 8 (incluir en cada comida alimentos ricos en fibra).

Si deseas un arma secreta para perder peso e incrementar la ingesta de fibra, quizás quieras poner la directa y entrar en la sección de productos adecuados. No es tan fácil como tomar seis o más raciones diarias de fruta y verdura y ver cómo los kilos desaparecen, pero es posible.

Aquí tenemos tres razones de por qué la fruta y la verdura deben considerarse armas secretas para perder peso:

- La mayoría de las frutas y verduras tienen un alto contenido en agua.
- La mayoría de las frutas y verduras tienen un alto contenido en fibra.
- La mayoría de las frutas y verduras son bajas en calorías.

Por estas tres razones, la fruta y la verdura proporcionan sensación de saciedad sin las calorías de los alimentos más ricos en grasas. ¡Y no hay que despreciar la energía que aportan! En un reciente estudio se analizó qué sucede cuando las personas con sobrepeso toman comidas con más fruta y verdura y con menos grasa que las que habitualmente suelen consumir. ¡Perdían bastante peso!

En otro estudio, se comprobó que cuando las personas comían más verdura y más fruta reducían en más de 400 calorías el consumo total de calorías diarias. Se trata de unos datos extraordinarios relacionados con estos dos grupos de alimentos que debemos tomar tanto para ganar en salud como para prevenir la enfermedad.

Podemos resumir el poder de estos alimentos en dos palabras: densidad energética. Densidad de energía de un alimento es la cantidad de calorías de éste atendiendo a su volumen (el espacio tridimensional que ocupa en el plato y en el estómago).

Para perder peso es bueno incluir en la dieta alimentos con poca densidad energética: pocas calorías en relación a su volumen. Tiene sentido, ¿verdad?

Añadir frutas y verduras al menú diario reduce teóricamente la densidad energética, favorece la saciedad y disminuye la ingesta de calorías. Se han realizado diversos estudios acerca del efecto específico de una mayor pérdida de peso cuando se añade a la dieta fruta y verdura, y muchos de ellos han confirmado un beneficio definitivo. En otro estudio, el grupo al que se le pidió que consumiera más frutas y verduras perdió más peso al cabo de un año que el otro al que se le pidió que redujera grasas y azúcares. Según parece, el truco está en sustituir los alimentos ricos en densidad energética por fruta y verdura o bien añadir estos alimentos a las comidas, de manera que el volumen total que se ingiera sea el mismo que el que se comía anteriormente, pero con estas nuevas comidas con menos calorías.

Tener cuidado al preparar y procesar la fruta y la verdura

Es evidente que las frutas y las verduras son magníficas herramientas para mantener el peso o reducirlo. Pero ¿hay que tener en cuenta cómo se preparan y procesan? Sabemos la respuesta, ¿verdad? Una manzana cruda y entera cortada en trozos tiene más poder saciante que un puré de manzana o un zumo de esta fruta, que además carecería de fibra. Lo mismo puede decirse de las naranjas enteras o en zumo, o de las uvas o su zumo. Así pues, debemos tener presente que cuando menos se procesen estos alimentos, mejor.

Tenemos la costumbre de tomar esos alimentos naturales y de baja densidad energética y adornarlos con ingredientes que aumentan esa densidad. Me refiero a las ensaladas verdes bajas en calorías pero aderezadas con salsas ricas en grasas y calorías, con queso y picatostes, o inocentes boniatos colmados de mantequilla y azúcar.

Conservar el placer de comer

La comida sana no hará bien a nadie si nadie se la come. La comida debe disfrutarse. Con toda esa charla sobre lo que es bueno para nuestro cuerpo y lo que no lo es, la parte de goce se pierde en medio de una confusión nutricional. No quiero que eso suceda, pues si la comida no sabe bien, uno no puede seguir unos nuevos y saludables hábitos durante mucho tiempo.

Y hay también algo menos obvio que puede dar al traste con el placer de comer. Contar. Contar calorías, contar gramos de grasa o hacer tablas de raciones de alimentos, a elegir. Si uno tiene que contar todo lo relacionado con la comida, se le puede pasar no tan sólo la alegría de comer, sino también la de vivir. Cada vez que uno se pone en modo «contable», día sí y día también, automáticamente se deja llevar por la mentalidad «dietista», lo cual, en ocasiones, conduce a sentirse derrotado, hambriento y deprimido.

No me malinterpretes, lector, no quiero decir hacer recuentos periódicos. Me refiero a quien cada dos por tres compara su dieta diaria con las cifras estándar o las recomendaciones. Eso puede ser útil para seguir un control determinado, pero no para la dieta diaria. Hay personas que por su salud tienen que contar los nutrientes que toman (los diabéticos o aquellos con enfermedades renales). Créeme, uno de los grandes retos es mantener el placer de comer.

Todo es según el color del cristal con que se mira

En según qué lugares del mundo, y también en otros momentos de la historia, mi figura rellenita, de la talla 42, se consideraría bastante atractiva. No fue hasta principios del siglo XX cuando las figuras rubenianas de pintores como Rafael y Renoir dejaron de considerarse «ideales». En aquellas épocas, unos kilos de más eran sinónimo de salud y riqueza.

A principios de 1900, los corsés y la época de los bailarines de la década de 1920 se hicieron muy populares. Después, a mediados de siglo, las curvas volvieron a imponerse, con una Marilyn Monroe curvilínea, de la talla 42. Hoy en día, por desgracia, muchas mujeres se sienten avergonzadas de tener esa talla.

En la década de 1960 aparecieron las minifaldas y las mujeres huesudas. No creo que hayamos abandonado aún esa moda, incluso después de más de 50 años. Concursantes de certámenes de belleza, modelos y actrices de Hollywood nunca han sido más delgadas. Para contribuir a la confusión, la obesidad y los trastornos alimentarios no hacen más que aumentar. Y es más, en los últimos 20 años, Estados Unidos, por ejemplo, ha invertido miles de millones de dólares en el negocio de las dietas. ¿Para qué? No ha funcionado. Nunca hemos sido más infelices y más obesos. ¿Por qué seguimos inyectando más dinero en dietas de modas pasajeras? ¿Por qué odiamos nuestros cuerpos? ¿Por qué no festejamos nuestras curvas y nos centramos en la salud y en sentirnos bien?

Llámame optimista, pero creo que algo está cambiando. Por fin hay más modelos con tallas «normales», y empiezan a verse tiendas de moda y catálogos con mujeres de la talla 40 y más. Es como una bocanada de aire fresco. Recientemente he oído hablar en televisión de la «nueva idea de la belleza» (aunque en realidad se trate del retorno de una «vieja» idea.

La otra noche estuve viendo un programa de televisión en el que hombres y mujeres (en el pasado y en la actualidad) buscaban pareja. Se entrevistaba a hombres y mujeres de diferentes regiones del nordeste de África, y los hombres decían que buscaban una esposa que fuera fuerte, de caderas anchas y que pudiera tener muchos hijos. Pensé que estaban describiendo a una mujer con una figura robusta y curvilínea, parecida a la mía.

No te estás haciendo mayor, te estás haciendo más fuerte

Dejando de lado a Marilyn Monroe, la triste realidad es que cuando envejecemos, los líquidos del cuerpo, la densidad ósea y la masa muscular tienden a disminuir, mientras que la grasa corporal aumenta. Podemos combatir esto manteniendo la hidratación del organismo y la densidad ósea lo más altas posibles, y manteniendo y formando nuestra masa muscular a medida que envejecemos. Parece fácil, ¿verdad? Si fuera realmente fácil, la mayoría de nosotros lo haríamos. Es de esperar que los siguientes consejos hagan que eso sea lo más fácil posible.

Seguir las dietas de moda para estar en forma

La mayoría de especialistas y seguidores de dietas están de acuerdo en una cosa: las dietas no funcionan. Cuando te sientas tentado por nuevas dietas recuerda esto: perder peso con rapidez conlleva la rotura de tejido corporal (tejido muscular y orgánico). Recuperar peso suele significar más grasa corporal, justo lo contrario de lo que queremos que suceda. Y cada vez que se pierde peso y luego se vuelve a ganar, lo más difícil es perder ese peso de nuevo. Si has perdido peso y lo has vuelto a ganar, ya sabes de lo que estoy hablando.

Cambiar el objetivo de perder peso por el de ganar salud sería lo mejor que podríamos hacer. Para tener más salud, tan sólo debemos centrarnos en comer sano y hacer ejercicio de manera regular. Para llevar a cabo esa tarea, es esencial que recordemos dos cosas:

1. Para estar en forma y sano, no hay que estar delgado.
2. Un peso sano es un peso adecuado, el que se mantiene tomando alimentos saludables sin comer en exceso, sin dietas de moda y sin trastornos alimentarios.

Una manera de pensar «sana»

Si uno se centra en perder kilos, se sitúa de inmediato en una postura en la que lo más fácil es caer en la trampa de pesarse a diario. Cambia el objetivo por el de estar y sentirte saludable. Yo creo en comer y hacer ejercicio para tener salud, y en dejar que los kilos se pongan donde les parezca.

> ## La obesidad no tiene que atribuirse más a una falta de voluntad
> *Ahora, la obesidad se contempla como el resultado de una compleja interacción entre genética, metabolismo, hábitos de comportamiento y factores medioambientales.*

No tirar la toalla sólo por una cuestión genética

No podemos hacer nada respecto a los factores genéticos que contribuyen a la obesidad. Por otra parte, no podemos dejar a nuestros genes de lado en el camino hacia sentirnos bien y estar sanos. Tus genes te hacen propenso a ganar peso en los momentos de derroche (no de hambre), en especial cuando nos damos un festín con una dieta rica en grasas. Pero si se sigue una dieta más saludable, moderada en grasas, con abundancia de verduras, y uno se pone en forma, podrá atenuar el impulso genético hacia el sobrepeso.

También puedes trabajar en otros factores que contribuyen a la obesidad, por ejemplo, en los psicológicos y ambientales que influyen en nuestras vidas. Puedes observar de cerca tus hábitos alimentarios y aquello que en ocasiones te impulsa a comer en exceso. Si a partir de esa observación tienes algún problema con la dieta, los alimentos y la imagen corporal, quizás sea una buena idea consultar a un psicólogo o a un especialista para que te ayude a trabajar en aspectos del pasado (y seguir así con el futuro). Y, por cierto, es mucha la gente que tiene problemas con la comida, así que, por favor, no te sientas solo.

Sé lo que es tener genes de grasa en ambas ramas de mi árbol genético. Mis hermanas y yo nunca hemos sido delgadas, pero sí atletas durante gran parte de nuestra juventud, y eso nos ayudó a centrarnos en lo que realmente importaba: la salud.

Hacer un inventario de los hábitos alimentarios

La única parcela que debes observar más de cerca es la de cambiar los hábitos que quizás te llevan a tener un exceso de peso. ¿Tienes hábitos poco saludables? Descúbrelo completando este cuestionario:

- ¿Picas más dulces y chips que fruta y verdura?
- ¿Te acabas siempre todo lo que tienes en el plato pensando que si no es tirar la comida?
- ¿Comes sin tener realmente hambre porque te sientes estresado, aburrido, enfadado o preocupado? (los estudios realizados indican que utilizar la comida para calmar ciertos estados de ánimo es una de las razones por las que se vuelve a ganar el peso perdido).
- ¿Consideras que estás siendo «malo» cuando comes tus alimentos favoritos? ¿Crees que debes dejar de tomarlos para perder peso?
- ¿Te sientas a veces para tomar un tentempié y acabas tomándote una caja entera de galletas, una bolsa de patatas fritas o un helado?
- ¿Llegas a sentirte realmente hambriento en tu intento de perder peso no comiendo, incluso sintiendo hambre?

- ¿Comes mucho a última hora de la noche?

Ahora, cambia los hábitos destructivos por los siguientes hábitos saludables:

- ¿Comes cuando tienes hambre y dejas de comer cuando te sientes cómodo (no repleto)?
- ¿Comes sobre todo verdura, asegurándote de que tomas al menos cinco raciones diarias de fruta y verdura?
- ¿Bebes alcohol sólo de vez en cuando (o nunca)? Si lo haces, ¿te limitas a una copa al día?
- Si hay algo que realmente te gusta y estás hambriento, ¿te conformas con una ración pequeña pero suficiente?
- ¿Intentas tomar más alimentos ricos en fibra (fruta, verdura, cereales integrales), más comidas y tentempiés equilibrados, con algo de proteína y grasa (sobre todo grasas monosaturadas), porque estos alimentos te satisfacen más y te permiten pasar menos hambre?
- ¿Comes más ligero por la noche sabiendo que dormirás mejor si no estás muy lleno y te despertarás hambriento y listo para empezar el día?
- ¿Haces ejercicio de manera regular porque sabes que es importante para tu salud general?
- ¿Evitas distracciones como leer o ver televisión mientras comes? ¿Intentas comer lentamente y saborear los alimentos?
- Cuando estás aburrido, estresado, enfadado o preocupado, ¿buscas otras maneras de sentirte mejor? (esas actividades pueden ser cosas como ir de paseo, lla-

mar a un amigo, escuchar una música que te anime o tomar un baño reconfortante). No ignores tus sentimientos, encuentra maneras saludables de enfrentarte a ellos. Es más fácil decirlo que hacerlo, pero si es necesario, busca la ayuda de un profesional.

- ¿Te pesas sólo en la consulta médica porque sabes que la cifra de la báscula en realidad no importa? Lo que realmente importa es el estado general de salud y cómo te sientes.

Come cuando sientas hambre y deja de comer cuando te sientas bien

Ésta es la clave para alimentarse. No hay que olvidarla. Es importante. Piensa en ello cada vez que la dieta lo contradiga. Las directrices de las dietas dicen que no hay que hacer caso a la sensación de hambre. Dejar de escuchar al hambre es como abrir la caja de los truenos, se dejan de oír los «me he quedado satisfecho» o «ya estoy bien», y es cuando uno empieza a comer en exceso.

Conocer los desencadenantes

Muchos de nosotros hemos desarrollado ciertos desencadenantes (ambientales o emocionales) que fomentan el hábito de comer en exceso. Entender lo que significan esos detonantes para cada uno es un primer e importante paso para acabar con la sobrealimentación. La próxima vez que tengas ganas de comer algo (sobre todo cuando no te sientas a un mismo tiempo físicamente hambriento) intenta averiguar de dónde procede ese deseo.

Desencadenantes sensoriales: cosas que ves, hueles o conoces que te producen ganas de comer (anuncios de televisión, pasar junto a un restaurante).

- _____
- _____
- _____

Desencadenantes orales: cosas que escuchas que te producen ganas de comer (alguien que habla de lo bien que sabe algo, alguien que te dice que has engordado).

- _____
- _____
- _____

Desencadenantes emocionales: estados emocionales o sentimientos que aumentan tu deseo de comer (ansiedad, depresión, alegría, aburrimiento).

- _____
- _____
- _____

Otros desencadenantes: otros procesos que desencadenan un deseo vehemente de comer ciertos alimentos sin estar físicamente hambriento.

- _____
- _____
- _____

> ### *El problema de atiborrarse de comida*
>
> *El trastorno del atiborramiento de comida: comer más comida de la que la mayoría de la gente comería en un determinado período de tiempo (unas dos horas) y de manera descontrolada mientras dura el episodio.*
>
> *Incidencia: se estima que se da entre un 20 y un 50 % de las personas que intentan seguir un tratamiento especial para la obesidad.*
>
> *Características: las personas que sufren el trastorno del atiborramiento suelen tener más peso, presentan más trastornos psicológicos y son más propensos a experimentar enfermedades psiquiátricas que las personas obesas que no tienen este trastorno. Es posible que hayan pasado gran parte de su vida haciendo dieta y/o que su peso haya fluctuado enormemente en etapas cíclicas durante toda su vida.*

Maximizar la quema de calorías

¿Tomar menos calorías? Podrías, pero no es demasiado divertido. Tu organismo va necesitando más nutrientes a medida que envejeces, y si comes menos no podrás obtenerlos (calcio, vitamina D, vitamina B12, antioxidantes, zinc, y otros).

En los siguientes consejos encontrarás otros muchos beneficios para la salud. Es mucho mejor quemar más calorías que comer muchas menos. A continuación veremos cómo quemar más calorías.

Hacer ejercicio físico. El ejercicio en general ayuda a quemar más calorías. Sabemos que, obviamente, cuando hacemos más ejercicio quemamos calorías extras, pero hay estudios que evidencian que incluso después de hacer ejercicio, quemamos calorías extras (más o menos entre 4 y 12 horas después del ejercicio). Cuando uno empieza a hacer ejercicio aeróbico de manera regular, utiliza sobre todo como combustible la glucosa (hidratos de carbono). Una vez que el ejercicio responde a un programa regular y el cuerpo empieza a ponerse en forma, el organismo empieza a quemar más grasas debido a la energía extra que necesita mientras realiza el ejercicio físico. Por lo general, al cabo de 20 minutos, se empieza a quemar ante todo grasa a manera de combustible. El inicio, un mínimo de 20 minutos, resulta un valioso tiempo quemagrasas, después uno se esfuerza y sigue con una tanda de ejercicios de al menos 40 minutos.

¡El «picoteo» es bueno!

Ir comiendo en pequeñas cantidades a lo largo del día y tomar algo ligero por la noche es la mejor manera de distribuir las calorías para potenciar el metabolismo (y también para perder peso). Para más información, véase el paso n.º1 del capítulo 3.

Muscularse para quemar más calorías. Las células musculares queman más calorías en reposo que las células grasas. ¿De cuántas calorías estamos hablando? Alrededor de un 70 % de las calorías que se queman en un día se deben a la actividad metabólica de la masa muscular. Si uno desea crear tejido muscular y no tejido graso, el ejercicio físico debe formar parte de su vida. Los mejores resultados se obtienen de la combinación de ejercicio aeróbico y de fuerza, en especial durante y después de la menopausia.

Desayunar. El metabolismo (el ritmo con el que el organismo quema calorías) puede hacerse ralentizarse para conservar la energía en el organismo. Uno de los grandes intervalos en la alimentación transcurre durante la noche, mientras dormimos. Si tú, lector, eres una de esas personas que no se siente hambrienta nada más levantarse, toma un vaso de zumo o de leche y prepárate algo de comida para llevarte. Al cabo de una o dos horas, cuando el hambre aparezca, tienes que estar preparado.

Comer pequeñas cantidades durante el día y de forma ligera por la noche. Cada vez que comemos ponemos en marcha el proceso digestivo del organismo. Cada vez que empezamos a comer, quemamos calorías; por consiguiente, cuanto más frecuentemente comamos, más calorías quemaremos para digerir los alimentos que tomamos.

Quemar más calorías digiriendo alimentos ricos en hidratos de carbono compuestos. El cuerpo utiliza más energía (quema más calorías) para metabolizar los hidratos de carbono que para descomponer las grasas de la dieta. Así, por ejemplo, si comemos 100 calorías extra de patatas chips, ricas en grasas, alrededor de unas 97 de esas 100 calorías acabarán probablemente almacenadas como grasa. Pero si tomamos 100 calorías extra de los hidratos de carbono de una patata asada, unas 77 calorías se almacenarán como grasa, porque las 23 restantes son las que el cuerpo habrá quemado para digerir, transformar y almacenar.

Cómo mantener la masa muscular

Tanto la masa muscular como la fuerza suelen disminuir con la edad, puesto que se van perdiendo las fibras musculares y también los nervios que las estimulan. Con ejercicios de resistencia realizados de manera regular, la masa muscular aumenta. En cuanto a la dieta, hay que tener en cuenta que debe incluir las suficientes proteínas pero no demasiadas. En este caso concreto, más no significa mejor. La única manera real de crear musculatura es usándola.

Empezar a hacer ejercicio: ayer, mejor que hoy

Cualquier persona puede empezar a ganar masa muscular con unos ejercicios de fuerza apropiados de dos a tres veces por semana. Quizás el lector haya oído hablar de estos otros términos relacionados con el entrenamiento de fuerza: ejercicios de resistencia, de peso e isotónicos. Estos ejercicios por lo general constan de una serie de actividades que se repiten de 8 a 12 veces seguidas, ya sea de pie o sentados. Los ejercicios llevan a un músculo o a un grupo de músculos al agotamiento, lo cual estimula el crecimiento del mismo y su tonicidad. El entrenamiento de fuerza puede realizarse de 2 a 3 veces a la semana y en sesiones de 30 a 40 minutos.

He aquí cuatro grandes razones para empezar ahora mismo este tipo de entrenamiento:

1. El entrenamiento de fuerza aumenta la masa muscular. Dado que la masa muscular requiere *más* calorías para mantenerse que la grasa corporal, este tipo de entrenamiento contribuye a aumentar el ritmo metabólico.
2. El entrenamiento de fuerza incrementa la masa ósea, y, por tanto, reduce el riesgo de osteoporosis.
3. A mayor musculatura se requiere menos insulina para llevar el azúcar en sangre a los tejidos corporales. El entrenamiento de fuerza reduce, asimismo, el riesgo de desarrollar diabetes en edad avanzada.
4. Este tipo de entrenamiento alivia el dolor producido por la osteoartritis, así como el de la artritis reumatoide.

¿Por qué cada vez se suele tener más peso en muchos países occidentales?

Las malditas tablas de peso no dejan de aparecer aquí y allá. Cada vez se publican más libros de dietas. En el mercado no dejan de aparecer nuevos fármacos, nuevas hierbas y otras cosas. Hace décadas que gigantes de la industria de las dietas, como Jenny Craig, Weightwatchers, Slim Fast y otras muchas firmas, presentan batalla a los kilos de más. Nunca antes habíamos dispuesto de tantos alimentos bajos en grasas y en azúcares, y aun así cada vez pesamos más. ¿Qué está sucediendo? El retorno a las pautas básicas para controlar el peso aportará algo de luz a este difícil tema.

Una de las primeras cuestiones relacionadas con el control del peso es ésta: ¿igualan las «calorías *in*», las que ingerimos, a las «calorías *out*», las que quemamos? El efecto global del exceso de calorías (más que las que cuerpo necesita), incluso en forma de hidratos de carbono o proteínas, aumenta la grasa que se almacena en el cuerpo (grasa corporal). Mucha gente no ha incrementado exactamente el número de las calorías quemadas, las llamadas calorías «*out*». A consecuencia de la suma de los factores de la vida moderna (televisión, los largos viajes hasta el lugar del trabajo, los ordenadores, etcétera), muchas personas se han vuelto más sedentarias.

¿Y qué ocurre con la proporción de «calorías *in*»? Según una encuesta del National Center for Health Statistics (Centro Nacional de Estadísticas de la Salud), un individuo medio ingiere menos grasa teniendo en cuenta el porcentaje del total de calorías (de un 36 a un 34 %), pero el total de calorías diarias ascendió un promedio de 231 calorías en 1990 en comparación con 1976. Ahora, la pregunta del millón: ¿por qué muchas personas incrementan la cantidad total de calorías en un momento en el que se está más obsesionado que nunca por las dietas y más preocupado por la comida sana?

Por irónico que parezca, algunos investigadores creen que es precisamente este excesivo énfasis en comida sin grasa lo que ha contribuido al desenfrenado aumento de peso. Quizás se deba a que se ha alimentado la falsa creencia de que si un alimento tiene poca o ninguna grasa, uno puede tomar toda la cantidad que quiera sin ganar peso. Es posible que cuando la gente toma unas comidas sin grasa, pero insulsas, se quede insatisfecha, de modo que acaba comiendo más cantidad o cualquier otra cosa con la esperanza de satisfacer su hambre o su ansiedad. Quizás se deba a esto que buena parte de la población, que desea seguir dietas en cualquier momento, se suba una y otra vez a la montaña rusa de las dietas estrictas y la obsesión.

Tomo comida sana y hago ejercicio, entonces, ¿por qué no pierdo peso?

Si se sigue de manera regular y a la vez un programa de ejercicios y de entrenamiento de fuerza, lo más probable es que aumente la masa muscular a la vez que disminuye parte de la grasa corporal. Cabe recordar que la musculatura pesa más que la grasa corporal. El peso puede permanecer invariable aunque uno aumente la musculatura y pierda grasa. Hay que tener en cuenta que esto hace que uno sea más saludable.

También hay que echar un vistazo al tamaño de las raciones de los alimentos. Es posible que aunque uno opte por alimentarse de manera sana, las porciones que toma sean demasiado grandes en relación a sus necesidades calóricas. Si se hace así, lo más probable es que no se pierda ningún kilo. O también puede ocurrir que se tomen más calorías o grasas de las necesarias.

La moda de las dietas no ayuda

La experiencia demuestra que cada vez que una persona pierde peso suele volver a recuperar esos kilos y unos cuantos más. Y cada vez que esto sucede es más difícil perder peso la vez siguiente. Indudablemente seguimos dietas (una industria de mil millones de dólares al año), y volvemos a ganar los kilos que perdemos y algo más, de modo que ésa es quizás la gran razón por la que cada vez pesamos más.

¿Es una cuestión de calorías?

Con todas esas nuevas galletas sin grasa y productos *light,* ¿cómo es que exista ese problema de sobrepeso? Estamos en la cultura de la comida rápida. La mayoría de nosotros comemos más fuera de casa que en ella. Los dulces y las golosinas nos rodean, y los refrescos son la fuente principal de azúcares añadidos.

En Estados Unidos, por ejemplo, se está muy al tanto de las dietas bajas en grasas y, como consecuencia, comemos muchos más productos bajos en grasas o sin ellas. Pero de lo que no nos damos cuenta es de que en muchos de estos productos se sustituye el azúcar por la grasa, con lo que las calorías vienen a ser prácticamente las mismas. Lo que en realidad estamos haciendo es cambiar azúcar por grasa. Si el sabor es aceptable, o si tenemos la idea de que podemos comer más porque es «sin grasa», en realidad lo que estamos haciendo es comer más (y más calorías) de algunos productos.

Las encuestas realizadas muestran que en la actualidad estamos tomando un porcentaje más bajo de calorías grasas que hace 15 o 20 años, pero también muestran que en conjunto tomamos más azúcares añadidos y más calorías. En realidad, comemos unas 300 calorías más al día si tenemos en cuenta el período comprendido entre 1975 y 1995.

Nada bueno, sobre todo si se tiene en cuenta que ahora somos menos activos (quemamos menos calorías) que antes.

Reducir tan sólo la dieta grasa sin reducir las calorías no ayuda a perder peso. Pero si reducimos las grasas y también los hidratos de carbono, las calorías disminuirán y la pérdida de peso será factible.

Si comemos más frutas, verduras, legumbres y cereales integrales, tomamos menos calorías en un determinado volumen de alimentos en comparación con un estilo de alimentación lleno de carnes grasas, alimentos procesados y bollería.

Dado que si comemos menos grasas nos engordamos más, ¿deberíamos tomar más grasas para perder peso?

En primer lugar, eso no es cierto, ya que verdaderamente no estamos tomando menos grasas. Aunque las sociedades industriales en general consumen un menor «porcentaje de calorías grasas», la realidad es que el número de calorías que tomamos ha aumentado de 81 a 83 gramos al día. ¿Cómo es posible que haya disminuido el porcentaje de calorías de grasa si tomamos 2 gramos más de grasa al día? Pues porque comemos *más calorías* diarias. Pero, ¿qué gran problema representa pasar de tomar 81 a tomar 83 gramos de grasa al día?, se preguntará el lector.

Pues que ello significa lo siguiente:

18 calorías grasas extra al día.
126 calorías grasas extra a la semana.
540 calorías grasas extra al mes.
6.500 calorías grasas extra al año.

Una pieza importante del puzle: el ejercicio

Para conseguir perder peso es indispensable quemar calorías (la ecuación «calorías *out*»), además de tener en cuenta la elección de los alimentos que se comen y la cantidad. Existen unas cuantas maneras de aumentar el número de calorías *out*, es decir, el número de calorías que se queman o utilizan como combustible. El ejercicio físico juega un papel importante en las dos primeras notas:

1. Movernos más y hacer ejercicio, lo cual requiere calorías.
2. Incrementar la masa muscular, lo que aumenta el ritmo metabólico.
3. Regular la alimentación a fin de maximizar las calorías que se queman con la digestión.

Cómo empezar a hacer ejercicio, aunque uno sea el rey del sofá

La cuestión primordial es que la actividad física marca la diferencia entre perder peso y no perderlo. Y si esto no basta para hacerte levantar del sofá, diré que está demostrado que el ejercicio físico reduce el nivel de triglicéridos en sangre y la presión arterial en sólo 10 semanas. El riesgo de sufrir un infarto también disminuye con el ejercicio físico.

Asimismo, el ejercicio aporta beneficios psicológicos, ya que hace que uno se sienta mejor. Gracias a él se duerme mejor, aporta más energía durante el día, ayuda a que uno se sienta mejor con su cuerpo aunque los kilos no le hayan abandonado y reduce la depresión y el estrés.

De entre todos estos beneficios, los dos más importantes a la hora de aliviar el reflujo ácido son la reducción de grasa en torno al abdomen y del estrés.

Yo puedo repetir una y otra vez los múltiples beneficios del ejercicio físico, e incluso tomarte de la mano y seguirte por todas partes durante un mes para ayudarte a que tengas el hábito de hacer ejercicio, pero más pronto o más tarde todo se reduce a una sola persona: tú mismo. Uno mismo es el que tiene que tomar la responsabilidad.

El primer paso es comprometerse a hacer ejercicio durante un mes, recordando que hay que empezar poco a poco. Al cabo de un mes, es de esperar que hayas experimentado muchos de los beneficios físicos y psicológicos del ejercicio, y que ya estarás «enganchado».

Vamos a ver cómo se empieza:

- Visita a tu médico y asegúrate de que puedes cumplir con los planes previstos.
- No quieras entrar en una batalla por perder peso: céntrate en la salud y en controlar el azúcar en sangre.
- Tiene que ser divertido, de otro modo no podrás llevarlo a cabo.
- A continuación, descubre qué te gusta más y qué necesitas, y considera ambas cosas a la hora de hacer un plan de entrenamiento.
- ¿Te gusta hacer ejercicio al aire libre o en un lugar cerrado?
- ¿Te gusta hacer ejercicio solo, con un compañero o en grupo?

- ¿Te gusta el ambiente de un gimnasio?
- ¿Qué hora del día es la mejor para ti?
- ¿Tienes ciertas limitaciones físicas que debas tener en cuenta? Si, por ejemplo, tienes problemas en las articulaciones, la natación o los ejercicios aeróbicos en el agua pueden ser perfectos para empezar.
- ¿Qué es lo que te gusta hacer? Aunque la respuesta sea mirar la televisión o hablar, ésas son cosas que puedes incluir en tus ejercicios. Si te gusta hablar, salir a andar con un amigo puede ser el reto. Si te gusta mirar la televisión, existen ciertos aparatos para hacer ejercicio que puedes usar cómodamente en la sala de estar o en tu dormitorio.

Si tienes reflujo ácido, lee esto antes de empezar a hacer ejercicio

No hagas ejercicio inmediatamente después de comer, en especial si se trata de actividades como correr o hacer flexiones. Cuando nos flexionamos o saltamos con el estómago lleno, éste también se flexiona o salta, y ello fomenta la entrada de reflujo ácido al esófago inferior. Descubre el momento en que tu cuerpo se siente mejor haciendo ejercicio. Para mí, el mejor momento es antes de la cena, o unas cuantas horas después, antes de acostarme. (Me gusta subirme a la bicicleta estática mientras veo alguno de mis programas favoritos). Hay quien prefiere hacerlo por la mañana.

Si ves que tu ardor de estómago empeora después del ejercicio, intenta esperar al menos dos horas después de cualquier comida antes de ponerte a ello.

Cualquier momento ayuda

Si no te imaginas haciendo ejercicio 30 minutos seguidos o más, divide ese tiempo en espacios de 10 minutos. Esos pocos minutos de actividad de vez en cuando suman beneficios para tu organismo. Y de cualquier manera que puedas incrementar la actividad física a lo largo del día, te servirá de ayuda en tu causa.

El entrenamiento de fuerza proporciona más fuerza

Cuanta más musculatura tenemos, más calorías y grasa quemamos, incluso mientras estamos sentados delante del ordenador. Esto se debe a que a más músculos, mayor es el índice metabólico que se tiene (la cantidad de calorías que el cuerpo quema lo mantiene). ¿Y cómo tener más músculos? La única manera de crear musculatura es utilizando los músculos, y una buena manera de trabajarlos es haciendo entrenamiento de fuerza o de resistencia.

Pero antes de comprar pesas, hay que tener en cuenta estas cosas:

- Consultar con el médico y con un preparador físico. Los ejercicios tienen que hacerse adecuadamente, a fin de evitar lesiones.
- Al principio, hacer los ejercicios delante de un espejo para asegurarse de que se sigue al instructor (en especial si se trabaja con un vídeo).
- Empezar fortaleciendo los músculos más largos del cuerpo (piernas, espalda y pecho), ya que de este modo se consigue un mayor resultado metabólico.

- Iniciar el ejercicio levantando un peso con el que uno se sienta cómodo, aunque por lo general se desea que sea suficientemente pesado como para sentirse fatigado con nueve o diez repeticiones. Empezar con grandes pesos puede provocar lesiones.
- Según el Colegio Norteamericano de Medicina Deportiva, para empezar, lo idóneo es un único ejercicio con de 6 a 12 repeticiones; para los principiantes, un solo ejercicio es tan efectivo como uno múltiple.

Pérdida rápida de peso: ¿qué se pierde realmente?

¿Has visto los libros y artículos de revistas que afirman que uno puede «perder 2,5 kilos en cinco días»? Si pierdes esos kilos en cinco días, lo que estás perdiendo principalmente son líquidos. Veamos lo que realmente se pierde en esos pocos primeros días:

Días del 1 al 3 en una dieta para perder peso rápidamente
- El 75 % del peso perdido son líquidos.
- El 20 % del peso perdido es grasa.
- El 5 % del peso perdido es proteína.

Días del 11 al 13
- El 69 % del peso perdido es grasa.
- El 9 % del peso perdido son líquidos.
- El 12 % del peso perdido es proteína.

Días del 21 al 24

- El 85 % del peso perdido es grasa.
- El 15 % del peso perdido es proteína.
- El 0 % del peso perdido son líquidos.

Entonces ¿qué se puede hacer?

- **¡Dejar las dietas!** Sabemos que no funcionan. Sabemos que en realidad son contrarias a nuestros intereses. Si recuerdas tus propias experiencias y eres honesto contigo mismo, verás que es cierto.
- **Comer cuando uno tiene hambre y dejar de hacerlo al sentirse cómodo.** Cuando se hace dieta, uno se fuerza a no escuchar los impulsos naturales, a controlar el apetito. Pero al hacer eso también se tiende a no escuchar la sensación de saciedad y a veces se come más de lo debido. Para dejar de sobrealimentarse, hay que dejar de hacer dieta y empezar a escuchar al cuerpo cuando éste se siente realmente a gusto.
- **¡Empezar a hacer ejercicio!** El ejercicio ayuda al organismo de muchas formas. Es una de las maneras más rápidas de aumentar las «calorías *out*» (*véase* el apartado *Cómo empezar a hacer ejercicio, aunque uno sea el rey del sofá*).
- **Comer alimentos ricos en fibra y bajos en grasa...** hay que ingerir más alimentos completos que aquellos de comida rápida o procesados.

Capítulo 5

Cómo disfrutar de unas vacaciones sin ardor de estómago

Pregunta a cualquier persona que sufra ardor de estómago si hay alguna época del año en la que se sienta especialmente incómodo y te responderá: «Durante las vacaciones». Para muchas personas, es un hecho: en las vacaciones, el ardor de estómago se reactiva.

Esto se debe a que en esa época es cuando rompemos las reglas alimentarias que hemos seguido el resto del año. Celebramos la estación, y con todas las fiestas es fácil excederse y caer en un reflujo ácido de los memorables. Eso es lo último que uno necesita o desea en esa época del año, y también el estrés vacacional puede sumarse al riesgo del reflujo ácido.

Pensemos en lo que comemos durante las vacaciones. Hacemos exactamente lo contrario a los **diez pasos hacia la libertad:**

- Nos permitimos alimentos ricos en grasas y otros que por lo general no tomamos, como salsas y condimentos, postres cremosos, ponches, carnes grasas y quesos ricos en grasa.

129

- Nos damos unos auténticos festines: hacemos grandes comilonas de una sentada.
- Solemos hacer esas comilonas por la noche, tan sólo unas horas antes de acostarnos.
- El vino y otras bebidas alcohólicas corren a rienda suelta.
- Y aún iría más lejos y diría que las ropas ajustadas son otro factor más (las prendas ajustadas presionan el estómago, lo cual contribuye a que su contenido suba al esófago).

Dicho esto, y a fin de ayudarte, lector, a que disfrutes de unas vacaciones sin ardor de estómago he reunido algunos consejos y también unas cuantas recetas que aportarán algo de «luz» al tema de las comidas de los días de vacaciones. Y, claro está, si vas a utilizar las recetas vacacionales hay que trabajar. Tú o cualquier ser querido tendrá que cocinar al menos una parte de las comidas durante las vacaciones. Pero no hay que asustarse, ya que estas recetas no son sólo ligeras en calorías y grasas, sino también en cuanto a tiempo y esfuerzo. Este capítulo pretende cubrir los mínimos con recetas para cualquier cosa, desde aperitivos y platos de guarnición a postres exquisitos.

Entonces, ¿qué puedo hacer para evitar el ardor de estómago durante las vacaciones o las fiestas?

Lo que inevitablemente sucede en las celebraciones es que uno se atiborra de alimentos que sólo prueba una vez al año, toma comidas grasas y abundantes y bebe y come también bien entrada la noche. Todo esto es muy divertido hasta que aparece el ardor de estómago. A continuación, vamos a ver once consejos para pasar las vacaciones o los festejos sin ardor de estómago.

Once consejos para pasar las fiestas sin ardor de estómago

1. No te acuestes con el estómago lleno. Deja de comer y de beber alrededor de las 19.00 h y vete a la cama hacia las 23.00 h, una vez que el estómago esté vacío.
2. Evita comer grandes cantidades de alimentos, pues suelen relajar el esfínter del esófago inferior, y también tomar aquello que estimule el ardor de estómago, como cebollas, chocolate, alimentos grasos, cítricos, zumo de tomate, bebidas gaseosas, café, té, bebidas con cafeína y bebidas alcohólicas. El calcio en la leche puede aumentar la secreción de ácido estomacal. Es posible que uno tolere la leche en pequeñas cantidades pero que tenga problemas cuando ingiere mucha.
3. Otra de las razones por las que evitar comer muchos alimentos ricos en grasas es que cuanta más grasa sea la comida, durante más tiempo permanecerá en el estómago antes de pasar al intestino delgado. Esto significa que en el estómago permanecerán más tiempo unos alimentos potencialmente problemáticos.
4. Evita los alimentos que irriten un inflamado esófago (zumos de cítricos, cítricos, tomates, pimienta y guindillas).
5. También hay que evitar las bebidas, especialmente antes de acostarse, pues pueden estimular el ardor de

estómago (refrescos, café, zumos de cítricos, zumo de tomate y alcohol). Si eliminamos los refrescos, el café y el alcohol, ¿qué nos queda? Pues fundamentalmente el agua, las bebidas sin gas y los zumos que no sean ácidos. Si decides seguir ingiriendo refrescos, café o alcohol, intenta al menos reducirlos al máximo, en una copa, por ejemplo.

6. Evita flexionarte hacia delante, levantar peso o correr después de una comida copiosa. Esto puede aumentar la presión en el estómago y agravar el ardor.

7. Relájate durante las vacaciones, si es que puedes. El estrés emocional y la ansiedad agravan el ardor de estómago.

8. Reduce las raciones al máximo. Por muy duro e imposible que parezca, hay que intentar no comer hasta sentirse «a punto de explotar». Un truco puede ser dejar pasar unos segundos entre bocado y bocado. Sé que todo está delicioso, así que deja un poco y vuelve a disfrutar de esa comida al día siguiente.

9. Elige bien. Cuando te tengas que enfrentar a la típica comida de celebración, al picoteo, escoge los platos que menos problemas te puedan dar (por lo general los menos grasos).

10. Ofrece llevar a la fiesta o a la comida de vacaciones aquello que sabes que puedes tomar sin problemas. Si tu sistema digestivo suele darte problemas con las cosas grasas y especiadas, lleva una salsa ligera o algún aperitivo bajo en grasas. Puedes llevar una crema de marisco (de cangrejo o salmón) elaborada con un queso ligero, sin añadirle mantequilla o nata. ¡Y no olvides comer despacio y disfrutar de los alimentos!

11. Incluye en cada comida, sobre todo en vacaciones, alimentos ricos en fibra.

Ideas para cualquier festividad

¿Qué es una Navidad, por ejemplo, sin un pavo, muchas veces relleno, una sopa bien completa y unos generosos dulces o cualquier receta tradicional especial para esas fechas?

Nadie está intentando acabar con los tradicionales sabores de este festejo. Pero hay distintas maneras de cocinar que resultan menos grasas y que tienen menos calorías. Me he tomado la libertad de crear unas versiones de algunos de los tradicionales platos festivos, que pueden aplicarse a cualquier celebración. ¡Espero que te aporten placer y comodidad!

Recetas ligeras para algún tipo de celebración

Tarta de calabaza

Para 12 raciones
$^1/_3$ de taza de azúcar blanquilla
$^1/_3$ de taza de azúcar moreno
¾ de cucharadita de canela en polvo
½ cucharadita de nuez moscada (si irrita el estómago, sustituirla por canela)
Una pizca de clavo en polvo
1 ½ taza de calabaza cocida en conserva
1 cucharadita de extracto de vainilla
1 ¼ taza de leche evaporada desnatada

1 cucharada de ralladura de naranja

3 claras de huevo ligeramente batidas

¼ de taza de ron (o brandy)

Base para tarta (*véase* la receta de la base rica en fibra en el capítulo 6)

Calienta el horno a 200 ºC.

En un cuenco, mezcla bien los dos tipos de azúcar, la canela, la nuez moscada y el clavo. Incorpora con la calabaza y añade después la vainilla, la leche evaporada, la ralladura de naranja y las claras. Bate bien con la batidora eléctrica hasta obtener una masa uniforme y suave. Agrega el ron.

Vierte sobre una base para tartas sin hornear y hornea durante 10 minutos. Baja la temperatura del horno a 160 ºC y hornea 45 minutos más, o hasta que al pinchar la masa con un cuchillo, éste salga limpio. Deja que se enfríe y refrigera hasta el momento de servirla. Si se desea, se puede acompañar con crema o nata líquida.

Cada ración contiene: 180 calorías; 4,5 g de proteínas; 27 g de hidratos de carbono; 6 g de grasa; 1 mg de colesterol; 1 g de fibra; 145 mg de sodio. Calorías grasas: 30 %.

Pastel rápido al jerez (glaseado con mantequilla caliente y jerez)

Para 12 raciones

Grasa en espray para cocinar

1 caja de Duncan Hines (preparado para bizcocho de mantequilla) o similar

1 caja de preparado para pudin de vainilla para 4 raciones

½ cucharadita de nuez moscada en polvo (si se desea se puede sustituir por canela)

1 huevo grande

½ taza de huevina (huevo pasteurizado)

¾ de taza de crema de jerez

2 cucharadas de aceite de girasol o de soja

½ taza y 2 cucharadas de crema de leche desnatada

Glasa:

½ taza de azúcar en polvo

1 cucharada de crema de jerez

1 cucharada de mantequilla derretida

Precalienta el horno a 190 ºC (si se utiliza una fuente de cristal o de metal) o a 175 ºC (si se usa un molde oscuro o recubierto, y después cuenta de tres a cinco minutos más en el tiempo de hornear). Unta los laterales y el fondo del molde con grasa en espray o mantequilla y enharina.

Mezcla el preparado para tarta con el preparado para pudin, la nuez moscada, el huevo, la huevina (huevo pasteurizado), el jerez, el aceite y la crema de leche en un cuenco grande. Bate poco a poco hasta que todo esté bien incorporado.

Bate a velocidad media durante tres minutos. Vierte la masa en el molde previamente engrasado y hornea de inmediato (coloca el recipiente en el centro del horno) durante 30 o 35 minutos. Estará listo cuando al introducir un palillo, éste salga limpio. Deja que se enfríe sobre una rejilla durante unos 15 minutos.

Mientras tanto, prepara la glasa en un vaso medidor. Pincha el pastel por la parte superior con la ayuda de un tenedor, rocíalo con la glasa y ¡listo para disfrutarlo!

Cada ración contiene: 313 calorías, 6 g de proteína, 50 g de hidratos de carbono; 7,5 g de grasa; 1,5 g de grasas saturadas; 20 mg de colesterol; 6 g de fibra; 267 mg de sodio. Calorías grasas: 22%.

Patatas con puerros y queso gruyere

Se trata de un plato estupendo para una cena en época de vacaciones. Incluso se puede preparar un día antes y hornearlo el gran día. También se puede preparar, dejar enfriar, cubrir y refrigerar el día anterior. Después se calienta y, tapado, se hornea durante 25 minutos a 180 ºC.

Ingredientes para 12 raciones:
1 cucharada de aceite de oliva, de girasol o de colza
450 g de puerros (sólo la parte blanca y la de color verde claro) finamente troceados
235 ml de queso cremoso *light* a temperatura ambiente
1 cucharadita de sal
1 cucharadita de pimienta negra
¼ de cucharadita de nuez moscada (o canela)
1 taza de leche semidesnatada
1 huevo grande
½ taza de huevina (huevo pasteurizado)
900 g de patatas y cebollas troceadas y congeladas
2 tazas de queso gruyere rallado (unos 200 g)

1 cucharadita de perejil o una mezcla de finas hierbas

Precalienta el horno a 180 ºC. Engrasa un molde de 20 x 30 cm con aceite.

Añade en una sartén grande un poco de aceite, y a fuego medio saltea los puerros hasta que estén tiernos (unos 8 minutos). Retira del fuego y reserva.

Mezcla el queso cremoso, la sal y la nuez moscada y bátelo. Ve añadiendo poco a poco la leche y los huevos y bate de nuevo. Agrega los puerros, las patatas y cebollas descongeladas y el gruyere, y vierte en el recipiente para hornear. Esparce por encima el perejil o las hierbas provenzales, si lo deseas.

Hornea hasta que esté bien cocido y un poco dorado (alrededor de 50 o 60 minutos). Deja que se enfríe un poco y sirve.

Cada ración contiene: 217 calorías; 11,5 g de proteínas; 24 g de hidratos de carbono; 8,5 g de grasa; 4,5 g de grasas saturadas; 41 mg de colesterol; 2 g de fibra; 340 g de sodio. Calorías grasas: 35 %.

Patatas con crema agria

Ingredientes para 6 raciones:
   3 patatas rojas medianas
   1 cucharada de mantequilla, margarina o margarina *light*
   5 cucharadas de crema agria desnatada o semidesnatada
   3 cucharadas de leche semidesnatada
   ½ o 1 cucharadita de ajo picado

2 o 3 cebolletas picadas
1 ½ cucharada de perejil troceado
6 cucharadas de queso parmesano rallado
Pimienta al gusto
Queso cheddar rallado bajo en grasa

Cuece las patatas (puede ser en el microondas) hasta que estén tiernas. Córtalas por la mitad, vacíalas tanto como puedas y coloca la carne en un recipiente (retira las pieles).

Añade a las patatas la mantequilla, la crema agria, la leche, el ajo, las cebollas, el perejil y el queso parmesano. Bate todo hasta que esté cremoso y añade pimienta, si lo deseas.

Rellena las pieles de las patatas con la preparación y, si lo deseas, espolvorea con queso rallado. Hornea hasta que estén ligeramente doradas.

Cada ración contiene: 163 calorías; 6 g de proteínas; 27 g de hidratos de carbono; 3,5 g de grasa; 5 mg de colesterol; 2,5 g de fibra; 159 mg de sodio. Calorías grasas: 19 %.

Judías verdes con crema de setas

Ingredientes para 6 raciones:
500 g de judías verdes cocidas (pueden ser congeladas)
1 lata de crema de champiñones (250 g)
70 g de crema agria desnatada o semidesnatada
1 cucharada de pimiento rojo en dados (opcional)
100 g de fideos fritos Chow Mein (de venta en supermercados, en la sección de alimentos asiáticos)

Cuece ligeramente las judías verdes. Precalienta el horno a 180 ºC.

En una cazuela de unos 20 centímetros, mezcla la crema de champiñones, la crema agria y el pimiento. Agrega las judías verdes.

Cuece durante unos 20 minutos, añade los fideos fritos y hornea 5 minutos más.

Cada ración contiene: 102 calorías; 4 g de proteínas; 16 g de hidratos de carbono; 2 g de grasa; 2 mg de colesterol; 3 g de fibra; 337 mg de sodio. Calorías grasas: 20 %.

Cazuela de patatas O'Brien

Ingredientes para 16 raciones:
900 g de patatas O'Brien
2 tazas o 500 ml de crema agria desnatada o semidesnatada
6 cebolletas finamente troceadas, con parte del tallo verde
1 lata (300 ml) de crema de champiñones (o similar)
125 ml de leche semidesnatada
2 cucharadas de mantequilla
1 taza (250 ml) de queso rallado tipo Cheddar bajo en grasa
Media cucharadita de sal
Media cucharadita de pimienta
60 g de patatas chips trituradas

Precalienta el horno a 160 ºC. Engrasa un recipiente apto para el horno con aceite de girasol o de colza.

Descongela las patatas y mézclalas con todos los ingredientes menos las patatas chips. Vierte en el recipiente engrasado y esparce por encima las patatas chips. Hornea durante 30 minutos.

Cada ración contiene: 115 calorías; 7 g de proteínas; 145 g de hidratos de carbono; 3 g de grasa; 1 g de fibra; 10 mg de colesterol; 308 mg de sodio. Calorías grasas: 26%.

Pastel de boniatos y manzana

Ingredientes para 6 raciones:
Aceite para engrasar el recipiente
750 g de boniatos (o yuca) cortados en rodajas finas
250 g de manzanas en rodajas finas
50 g y 2 cucharadas soperas de azúcar moreno
2 cucharadas de sirope de arce
½ cucharadita de canela en polvo
125 ml de zumo de manzana
4 cucharadas de nueces trituradas

Precalienta el horno a 180 °C. Engrasa un recipiente de 20 x 20 cm.

En un bol grande, mezcla los tres primeros ingredientes y después viértelos en el recipiente engrasado.

En un cuenco pequeño, incorpora bien el sirope y la canela. Añade el zumo de manzana y mezcla bien todo. Vierte de manera uniforme sobre los boniatos preparados. Esparce por encima las nueces trituradas, tapa con papel de aluminio y hornea durante 30 minutos.

Retira el papel de aluminio y hornea unos 20 minutos más, o hasta que las manzanas y los boniatos estén bien cocidos.

Cada ración contiene: 193 calorías; 2,5 g de proteínas; 38,5 g De hidratos de carbono; 3 g de grasa; 0 mg de colesterol: 3,5 g de fibra; 14 mg de sodio. Calorías de grasas: 15 %.

Aderezo de arándanos y nueces

No utilices cebolla si te produce ardor de estómago.

Ingredientes para unas 16 raciones (1 taza por ración):
225 g de apio finamente picado
125 g de cebolla troceada (1 cebolla grande)
3 cucharadas de mantequilla o margarina
240 ml de caldo de pollo bajo en sal
480 ml de salsa de arándanos
4 cucharaditas de caldo de pollo bajo en sal en pastilla
¾ de 1 cucharadita de salvia molida
1 cucharadita de tomillo
½ cucharadita de pimienta molida
400 g de picatostes sazonados para el relleno
85 g de nueces ligeramente tostadas

Lleva a ebullición en una cacerola el apio y la cebolla con la mantequilla y 240 ml de caldo de pollo hasta que todo esté tierno.

Mientras tanto, vierte en una sartén pequeña la salsa de arándanos y 4 cucharaditas de caldo de pollo en pastilla y remueve hasta que se disuelva. Mezcla las hierbas y dos tazas de caldo de pollo (480 ml) con la preparación de apio y cebolla. Añade los picatostes e incorpóralo bien. Vierte la salsa de arándanos sobre los picatostes y esparce por encima las nueces. Mezcla todo bien. Tapa y deja que repose en un lugar cálido de la cocina durante unos 20 minutos, removiendo de vez en cuando.

Cada ración contiene: 200 calorías; 4,5 g de proteínas; 32,5 g de hidratos de carbono; 5,8 g de grasa; 6 mg de colesterol; 415 mg de sodio. Calorías grasas: 26%.

La hora de las sugerencias: ¡que empiece la fiesta!

Entras y miras a tu alrededor. Mientras te reciben con un ponche, intentas recordar si ésta es la tercera o cuarta fiesta de cumpleaños de la semana. Tomas un buen puñado de chocolatinas mientras acudes a una cita con un amigo, y mientras hablas con él mordisqueas un par de buenos puñados de patatas chips y las mojas en salda de queso, y tomas galletitas saladas. Después, cuando pasan con el champán, te tomas unos *toffes* y unos caramelos sentado en la mesa de los cafés; eso después de los diversos pinchos de salchichas que te has tomado entre el chocolate y el champán. Cuando sales de la fiesta ya has acumulado un total de 2.200 calorías, la mayoría de ellas grasas.

No insinúo con esto que vayamos todos paseándonos por las fiestas con un vaso de agua y unos palitos de apio, sino que podemos librarnos del ardor de estómago posterior a las fiestas con un poco de sentido común alimentario extra. Para empezar, sigue los ***Once consejos para pasar unas vacaciones sin ardor de estómago,*** y después prueba alguna de las recetas especiales.

Crema de salmón

Para 500 ml (dos tazas) de crema:
- 250 g de salmón fresco cocido o de salmón ahumado
- 125 mg de queso cremoso desnatado o semidesnatado
- 65 mg de queso ricotta bajo en grasa
- 75 g de castañas enlatadas (escurridas) bien troceadas
- 1 cebolla pequeña finamente picada (opcional)
- 1 cucharada de perejil
- ½ cucharadita de pimienta negra
- 1 barra de pan multicereales cortada en 16 rebanadas

Mezcla ligeramente todos los ingredientes (a excepción del pan) en un robot de cocina. Remueve bien la preparación y vuelve a mezclar de nuevo. Conserva refrigerado (puede dejarse preparado el día anterior).

En media rebanada de pan, extiende 1 cucharada de crema.

Crema de cangrejo

Para unos 500 ml (dos tazas) de crema:
- 170 g de cangrejos frescos, desmenuzados
- 125 mg de queso cremoso semidesnatado (tipo Philadelphia) a temperatura ambiente

60 g de yogur natural entero
1 cucharada de cebolla deshidratada en copos (opcional)
1 cucharada de perejil seco
½ cucharadita de pimienta negra
⅛ de cucharadita de sal
75 g de castañas de agua troceadas
Galletas de trigo saladas (o similar) bajas en grasa

Mezcla el cangrejo desmenuzado con el queso cremoso, el yogur y las hierbas en un robot de cocina a baja velocidad. Añade las castañas de agua.

Sirve con galletas de cereales integrales.

Cada octava parte de taza contiene: 114 calorías; 10 g de proteínas; 4 g de hidratos de carbono; 6,5 g de grasa; 3,5 g de grasas saturadas; 36 mg de colesterol; 2 g de fibra; 311 mg de sodio. Calorías grasas: 51 %.

Salsa de espinacas (con pan de levadura madre)

Para unos 12 aperitivos:
1 pan de payés multicereales de levadura madre (unos 700 g)
80 g de mayonesa (puede sustituirse por crema agria desnatada)
250 ml de crema agria desnatada
140 g de castañas de agua, escurridas y troceadas
5 cebolletas con tallo finamente picadas
1 manojo de puerros, cebollas o un sobre de sopa de verduras

280 g de espinacas congeladas troceadas (descongeladas y retirado el exceso de agua)

Corta el pan por la mitad y retira la miga de su interior para obtener una especie de cuenco para la crema de espinacas. Corta el resto del pan en dados.

En un cuenco mediano, mezcla la mayonesa y la crema agria con el contenido del sobre de sopa de verduras. Añade las castañas de agua, las cebollas (si se opta por incluirlas) y las espinacas bien escurridas.

Vierte la crema en el cuenco de pan y sirve con el resto del pan cortado en dados.

Cada ración contiene: 253 calorías; 8 g de proteínas; 39,5 g de hidratos de carbono; 6,5 g de grasa; 1 g de grasas saturadas; 4 mg de colesterol; 5 g de fibra; 500 mg de sodio. Calorías grasas: 24 %.

Timbal de cangrejos

Para 16 raciones:
225 g de carme de cangrejo (fresca, congelada o enlatada, bien escurrida y seca)
1 lata de crema de champiñones (Campbell o similar) concentrada
1 sobre de gelatina natural, sin sabor
235 mg de queso cremoso fresco (tipo Philadelphia)
60 g de mayonesa (si se desea, se puede sustituir por mayonesa *light*)
60 ml de crema agria, entera o semidesnatada

100 g de cebolleta troceada (opcional, si se tolera la cebolla)

100 g de apio finamente picado

Sugerencia de presentación: sírvelo con rebanadas finas de una *baguette* de multicereales o con galletas saladas de trigo bajas en grasa.

Calienta la sopa concentrada de champiñones en un cazo a fuego medo, añade la gelatina y el queso cremoso y llévalo suavemente a ebullición. Deja que hierva y remueve con frecuencia hasta que la gelatina se disuelta. Retira el recipiente del fuego.

Mezcla con la mayonesa, la crema agria, la carne de cangrejo la cebolleta y el apio. Vierte la preparación en un timbal o en un molde de 1 litro y refrigera hasta que se vaya a servir.

Cada ración contiene (sólo la crema, sin contar el pan o las galletas de acompañamiento): 84 calorías; 6 g de proteínas; 4 g de hidratos de carbono; 5 g de grasa; 21 mg de colesterol; 2 g de fibra; 258 mg de sodio. Calorías grasas: 54 %.

Panecillos de trébol, ligeros y ricos en fibra

En esta receta se ha reducido casi una pastilla de mantequilla, se ha quitado la grasa a la leche, se ha reducido la sal, se ha eliminado la yema del huevo y se ha usado más de la mitad de harina de trigo integral.

Para unos 16 rollos:

225 g y 3 cucharadas de leche desnatada, templada (se puede calentar en el microondas)

3 cucharadas de azúcar granulado

3 cucharadas de aceite de girasol o de colza

60 ml de crema agria desnatada

Una o dos pizcas de nuez moscada rallada (opcional)

250 g de harina de trigo integral

220 g de harina blanca sin tratar

1 cucharadita de sal

1 paquete (7 g o 2,5 cucharaditas) de levadura rápida o levadura para pan de máquina

Aceite para engrasar los moldes

Programa la máquina para hacer pan en «amasado» y ve añadiendo los ingredientes de la manera que indiquen las instrucciones o bien siguiendo el orden que se menciona a continuación.

Vierte la leche, el azúcar, el aceite, la crema agria y la nuez moscada. Después, añade la harina integral y la harina blanca, y en un extremo del recipiente agrega la sal. Practica un hueco en medio de la harina e incorpora la levadura.

Pon la máquina en marcha y deja que inicie el proceso de amasado, que tardará alrededor de 1 hora y 40 minutos. Una vez concluido, colocar la masa en forma de bola sobre una hoja de papel sulfurizado ligeramente enharinado y cúbrela ligeramente con harina.

Engrasa el interior de 16 moldes de magdalenas con el aceite de girasol y precalienta el horno a 200 ºC colocando la rejilla en la posición intermedia.

Corta la bola de masa en cuatro partes iguales y después vuelve a cortar una de esas partes en cuatro piezas más (cada una de ellas equivale a un panecillo). Corta cada uno de ellos en tres partes iguales. Haz una bola con cada una y coloca las tres en uno de los moldes de magdalenas. Sigue con las tres piezas restantes (hasta rellenar un total de cuatro moldes).

Repite la operación con la masa restante hasta rellenar los 16 moldes de magdalenas. Rocía por encima con aceite. Coloca los moldes cerca del horno o en cualquier lugar templado. Deja que suba la masa, tapada con un paño de cocina hasta que doble su tamaño (lo que tardará unos 40 minutos). Hornea hasta que se doren, de 15 a 20 minutos, y ¡buen provecho!

En cada panecillo: 143 calorías; 4,5 g de proteínas; 25 g de hidratos de carbono; 3 g de grasa (4 g de grasas saturadas, 1,6 g de grasas monoinsaturadas y 1 g de grasas poliinsaturadas); 1 mg de colesterol; 2,5 g de fibra; 146 mg de sodio. Calorías grasas: 19 %.

Empanada de aceite de colza (o de girasol)

Para una empanada de unos 22 centímetros de diámetro:

100 g de harina de trigo integral (o harina de trigo normal)

100 g de harina blanca sin tratar

¾ de cucharadita de sal

1 cucharada de sirope para *crêpes*

5 cucharadas de aceite de colza

3 cucharadas de mantequilla baja en grasa

Vierte las harinas y la sal en un cuenco mediano y mézclalas con una batidora eléctrica (a baja potencia).

Añade el sirope y el aceite de colza y bátelos a baja velocidad hasta que tenga un aspecto de masa arenosa. Vierte sobre ella la mantequilla y bate de nuevo a poca velocidad hasta que la masa se torne húmeda y compacta (unos 15 segundos). Si resulta demasiado seca, se puede añadir una cucharadita o dos de mantequilla.

Con las manos, extiende la masa sobre una bandeja plana y presiónala. Si la masa está muy gruesa en los bordes del molde, se puede festonear con los dedos, hacer un doble reborde o con un tenedor ir presionando por el borde hasta hacer un dibujo.

Hornea. Precalienta el horno a 180 ºC, pincha bien toda la masa con un tenedor e introdúcela en el horno durante unos 20 minutos.

Cada ración contiene: 111 calorías; 2 g de proteínas, 12 g de hidratos de carbono; 6 g de grasas (5 g de grasas saturadas, 3,5 g de grasas monoinsaturadas, 1,8 g de grasas poliinsaturadas); 0 mg de colesterol; 1 g de fibra; 151 mg de sodio. Calorías grasas: 48 %.

Crêpes o panqueques ligeros de chirivías

1 huevo grande (rico en omega 3, si es posible)

35 g de huevina

2 cucharadas de harina blanca

3 cucharadas de leche desnatada o semidesnatada

½ cucharadita de pimienta negra

De ½ a ¼ de cucharadita de sal

600 o 700 g de chirivías ralladas

150 g de zanahorias ralladas o muy troceadas

50 g de escalonias o cebolletas finamente picadas (también la parte verde)

2 cucharadas de aceite de colza o de girasol

En un cuenco grande, mezcla el huevo, la huevina y la harina, y bátelo bien. Añade la leche, la pimienta y la sal.

A continuación, agrega la chirivía, la zanahoria y las escalonias y mezcla bien hasta que todo esté bien integrado.

Calienta una sartén antiadherente grande a fuego medio. Incorpora una cucharada de aceite y cubre de manera uniforme la base de la sartén, y cuando esté caliente, vierte unos 70 ml de la masa para ir formando unos 5 panqueques.

Cuando la parte inferior del panqueque esté tostada (unos 2 minutos), dale la vuelta y dóralo por el otro lado (otros 2 minutos aproximadamente). Retira de la sartén y sirve.

Repite los pasos 3 y 4 hasta que ya no quede pasta.

Cada panqueque contiene: 83 calorías; 3 g de proteínas; 11 g de hidratos de carbono; 3,5 g de grasas (4 g de grasas saturadas, 1,9 g de grasas monoinsaturadas y 9 g de grasas poliinsaturadas); 26 mg de colesterol; 3 g de fibra; 135 mg de sodio (si se ha añadido ½ cucharadita de sal), y 89 mg de sodio (si se ha añadido ¼ de cucharadita de sal). Calorías de grasas: 38 %.

Pastel de manzana con especias

Para 16 raciones:
180 g de harina de trigo integral
180 g de harina blanca
1 cucharada de canela en polvo
1 cucharadita de bicarbonato
1 cucharadita de sal
240 g de crema de leche desnatada
75 ml de aceite de colza o de girasol
300 g de azúcar granulado
2 huevos grandes (si es posible ricos en omega 3)
2 claras de huevo o 63 g de huevina
1 cucharadita de extracto de vainilla
350 g de manzanas troceadas (sin corazón y cortadas en trozos de 1,2 cm)
100 g de nueces en trozos grandes (opcional, también puede emplearse avellanas o almendras)

Precalienta el horno a 180 ºC. Engrasa un molde para hacer bizcochos de unos 22 centímetros de diámetro.

En un cuenco mediano, vierte las harinas, la canela, el bicarbonato y la sal, y bátelo bien. Añade la crema de leche, el aceite, el azúcar, los huevos y la vainilla y bátelo a mano o con una batidora eléctrica a velocidad media durante unos 2 minutos, hasta obtener una mezcla homogénea.

Con la batidora a baja velocidad, agrega poco a poco los ingredientes secos. Por último, incorpora las manzanas y los frutos secos (opcionales). Vierte la masa en el molde preparado y hornea hasta que, al insertar un palillo o la hoja de un cuchillo, éste salga limpio. Retira del horno y deja que se enfríe durante unos 10 minutos, da la vuelta al pastel en una bandeja adecuada y retira el molde para que se enfríe por completo.

Cada ración contiene: 225 calorías; 4,5 g de proteínas; 40 g de hidratos de carbono; 5,5 g de grasa; 7 g de grasas saturadas; 3 g de grasas monoinsaturadas; 1,6 g de grasas poliinsaturadas; 27 mg de colesterol; 2,5 g de fibra; 258 mg de sodio. Calorías grasas: 22 %.

¡Un extra en las vacaciones!

Con estas versiones *light* de comidas especiales de los días de fiesta, en cantidades razonables, no hay razón alguna (léase reflujo ácido) por la que no podamos disfrutar todos una vez al mes, en vez de una vez al año, de las comidas especiales en vacaciones.

Seis maneras de reducir los ingredientes extra en las comidas de los días de fiesta

1. La mayoría de las recetas de pastel de calabaza o similares incluyen al menos 250 ml de crema de leche o de leche evaporada y dos huevos. Si se emplea leche desnatada y tres claras de huevo, reduciremos unas 300 calorías y de 30 a 38 g de grasa.
2. Si compramos panecillos integrales en vez de los de tipo croissant, ricos en grasa, reduciremos unas 1.100 calorías y unos 100 g de grasa cada 12 raciones.

3. Si para hacer las salsas, cremas y pasteles de queso utilizamos queso cremoso *light* en vez del tradicional, nos ahorraremos unos 16 g de grasa por cada 250 g de crema.

4. Si empleamos la crema agria desnatada en múltiples recetas (aperitivos, salsas y guarniciones), evitaremos 35 g de grasa y 320 calorías por cada 250 ml de crema.

5. Con el queso bajo en grasa para los aperitivos, los tronquitos de queso y las guarniciones, reduciremos 36 g de grasa y 320 calorías por cada 225 g.

6. Si montamos las salsas, las cremas y los aperitivos mezclando la mayonesa clásica con crema agria desnatada (para 250 g de mayonesa, mezcla 65 g de mayonesa con 185 ml de crema agria), podremos reducir 1.000 calorías y 132 g de grasa por cada 250 g de mayonesa.

Capítulo 6

Recetas imprescindibles

¿Qué tipos de recetas pueden ser útiles en un libro sobre reflujo ácido? ¿Tacos picantes o galletitas antiácido? Pues no, echa un vistazo a los *Diez pasos en la alimentación encaminados a la libertad* (capítulo 3) y tendrás unas cuantas pautas que podrás seguir.

He presentado algunas opciones sin tomate para nuestros platos con tomate (y también he eliminado el ajo y la cebolla cuando he podido). Sin embargo, no he podido hacer un plato de espaguetis sin tomate. Creo que se puede sustituir por otro tipo de salsa, pero entonces quizás resultaría un plato de ternera *stroganoff*, y no espaguetis. He buscado los 10 platos grasos más populares y los he aligerado para que puedas volver a comer pollo frito.

¿Por qué es tan importante aligerar algunos de los platos más grasos? (Además de que la comida grasa retrasa el vaciado del estómago en el intestino delgado, contribuye a la relajación o el debilitamiento de la válvula del esfínter esofágico y hace ganar peso). ¿Cuándo se suele tener más problemas con el reflujo ácido? Cuando se come fuera de casa. ¿Qué han demostrado los estudios cuando la gente (principalmente en Estados Unidos) come fuera de casa? Pues que come mucha más grasa (por no mencionar el colesterol y el sodio). Entonces lo que hice fue echar un vistazo a lo que la gente come cuando desayuna fuera:

- Huevos.
- Tortitas o panqueques.

También me fijé en lo que ingiere la gente cuando come o cena fuera de casa:

- Ensalada de lechuga.
- Patatas fritas.
- Puré de patatas.
- Ensalada de repollo, zanahoria y cebolla con mayonesa.
- Pizza.
- Pasta.
- Galletitas de chocolate.

He realizado el mayor número de versiones *light* posibles. Si te gustan esos platos lo suficiente para pedirlos cuando comes en un restaurante o en un centro comercial, seguro que podrás disfrutarlos y apreciarlos cuando los prepares en casa, aunque más ligeros.

En las recetas que se mencionan a continuación he intentado, obviamente, honrar y seguir los *Diez pasos en la alimentación encaminados a la libertad*. Hay que tener en cuenta que cada persona es diferente: hay gente a la que le gustan las cosas picantes o con mucha salsa de tomate, mientras que a otras los platos grasientos les resultan especialmente problemáticos. Por fortuna, no importa cuál sea el paso hacia la libertad en el que encuentres más alivio, ya que este capítulo cuenta con un número generoso de recetas que aliviarán el ardor de estómago.

Versiones sin tomate de los mejores platos con tomate

Lasaña sin tomate (Lasaña con pesto)

Prepara una cantidad generosa de salsa bechamel y estarás listo para elaborar esta receta.

Para 12 raciones:
350 g de carne de ternera picada magra
70 g de pesto (se encuentra preparado en la sección de refrigerados de los supermercados)
240 ml de caldo de ternera
3 calabacines de tamaño mediano
370 g de queso tipo ricotta
2 cebolletas picadas (si se tolera la cebolla)
350 g (en seco) de lasaña rizada (rica en fibra)
400 g de salsa bechamel
170 g de queso mozarella semidesnatado

Precalienta el horno a 190 °C. Cuece la pasta en una cacerola grande con agua hasta que esté tierna (sigue las instrucciones del paquete) y escúrrela bien. Mientras se cuece la pasta, en una sartén antiadherente, dora la carne picada con unas gotas de aceite. En un cuenco grande, mezcla bien la carne con los calabacines, el pesto y el caldo.

En un cuenco aparte, mezcla la ricotta con las cebolletas.

Para montar la lasaña:

Extiende un poco de lasaña en el fondo de una fuente de unos 20 x 30 cm.
Coloca tres placas de lasaña.
Pon la carne preparada.
Coloca otras placas tiras de lasaña.
Esparce la mezcla de ricotta.
Coloca tres placas más de pasta.
Pon el resto de la carne.
Añade tres placas de lasaña.
Vierte el resto de la salsa bechamel.
Esparce la mozarella rallada por encima.

Cada ración contiene: 318 calorías; 19,5 g de proteína; 27 g de hidratos de carbono; 14,5 g de grasa; 7 g de grasas saturadas; 41 mg de colesterol; 5 g de fibra (puede variar en función de la pasta que se utilice); 316 mg de sodio. Calorías grasas: 40 %.

Una fácil salsa Alfredo baja en grasas

Ésta es la salsa para la receta de la lasaña al pesto, pero por sí sola ya constituye un buen entrante. La salsa se puede mezclar con trozos de pechuga de pollo asado, con langostinos o con bacon de pavo y verterla por encima de un plato de pasta, con lo que se consigue una maravillosa variedad de *fettuccini* Alfredo.

Para unos 500 ml de salsa:

60 g de queso cremoso *light*

300 ml de leche completa o desnatada

1 cucharada de maicena

2 cucharadas de mantequilla (o margarina)

110 g de queso parmesano rallado

Sal y pimienta molida al gusto

Nuez moscada al gusto (o canela si la nuez moscada sienta mal)

Mezcla el queso cremoso, la leche (50 ml) y la maicena en un vaso mezclador o en la batidora. Bate hasta que obtengas una masa homogénea y añade poco a poco la leche restante (250 ml). Bate de nuevo.

Derrite a fuego medio 2 cucharadas de mantequilla en una sartén antiadherente. Agrega la mezcla de la leche y el queso y sigue calentando sin dejar de remover, hasta que la salsa adquiera la consistencia adecuada (unos 4 minutos).

Agrega el queso parmesano, la sal, la pimienta y la nuez moscada (opcional).

Cada ración contiene: (con raciones de 60 g de salsa y 120 g de *fettuccini*) 333 calorías; 13 g de proteínas; 43,5 g de hidratos de carbono; 11,5 g de grasas; 6 g de grasas saturadas; 31 mg de colesterol; 2 g de fibra; 259 mg de sodio. Calorías grasas: 31 %.

Pizza sin tomate

Para 2 raciones (cada ración corresponde a la mitad de una pizza pequeña):

1 base de pizza pequeña integral (155 g; o bien sigue la receta que se proporciona en este capítulo)

2 cucharadas de salsa de pesto preparada o salsa ranchera rápida (mezcla 30 ml de crema agria desnatada o semidesnatada con media cucharadita de condimento ranchero [Hidden Valley Ranch] en polvo)

125 g de queso rallado bajo en grasa (mozarella, cheddar o cualquier mezcla)

120 g de ingredientes que se consideren tolerables (champiñones o mezcla de setas, calabacín, jamón, piña, etcétera)

Precalienta el horno a 200 ºC.

Coloca la pizza en una placa de horno. Extiende sobre la misma el pesto o la salsa que se desee de manera uniforme. Esparce por encima el queso rallado y los ingredientes que se hayan elegido.

Hornea de 8 a 12 minutos, o hasta que el queso se haya derretido y la pasta esté ligeramente dorada. Corta la pizza por la mitad.

Cada ingrediente contiene (si se utiliza el pesto, los calabacines y los champiñones) 316 calorías; 14,5 g de proteínas; 36 g de hidratos de carbono; 12 g de grasa; 4 g de grasas saturadas; 18 mg de colesterol; 3 g de fibra (mayor cantidad si se utiliza una base de pizza rica en fibra); 580 mg de sodio. Calorías grasas: 35 %.

Espaguetis a la carbonara en 10 minutos (versión sin huevo)

Estaba intentando pensar en un modo de elaborar espaguetis sin tomates y vi que era una misión imposible, pero entonces me acordé de mi receta de espaguetis a la carbonara.

Para 3 raciones (también entre 2 y 4):
500 g de espaguetis integrales cocidos (la pasta debe estar cocida pero firme)
55 ml de huevina
1 cucharada de maicena
125 ml, unas dos cucharadas, de caldo de pollo concentrado
35 ml de vino blanco seco (puede ser champán)
2 dientes de ajo troceados (unas 2 cucharaditas, si se tolera bien)
2 cucharadas de mantequilla y margarina
Sal y pimienta molida (opcional)
4 lonchas de beicon a la plancha en trozos
125 g de queso parmesano fresco rallado

Lleva a ebullición los espaguetis con agua. En un cuenco, mezcla la huevina con la maicena y reserva.

En una sartén antiadherente, mezcla el caldo de pollo, el vino, el ajo y la mantequilla. Deja que hierva lentamente durante un par de minutos. Retira del fuego y salpimienta al gusto.

Añade la preparación del huevo y la maicena, mezcla bien, e incorpora también los espaguetis.

Por último, agrega el beicon troceado y el queso parmesano y mezcla muy bien.

Cada ración contiene: 396 calorías; 18 g de proteínas; 45 g de hidratos de carbono; 14,5 g de grasa; 7,5 g de grasas saturadas; 40 mg de colesterol; 6 g de fibra; 860 mg de sodio. Calorías grasas: 35 %.

Enchiladas de pollo en salsa verde

La salsa verde de esta receta se elabora con tomates verdes o tomatillos. Los tomatillos son una especie botánica diferente a la de los tomates. Si adviertes que toleras bien los tomates verdes pueden ser una buena solución para preparar tus platos mexicanos favoritos. En muchas recetas se puede emplear la salsa verde embotellada preparada con tomatillos para sustituir a la salsa de las enchiladas, pero hay que tener cuidado de que no contenga pimientos picantes u otras especias que puedan provocar ardor de estómago.

Para 6 raciones (2 enchiladas por persona):
4 pechugas de pollo deshuesadas y sin piel
Caldo de pollo (suficiente para cubrir el pollo, de 0,5 a 1 litro)
100 g de cebolleta troceada (también la parte verde del tallo si se tolera)
225 g de queso cheddar o bien una mezcla de queso bajo en grasa
12 tortillas de maíz o de trigo ricas en fibra

140 ml de leche o de caldo de pollo
226 g de salsa verde embotellada (con tomatillos, cebollas, pimientos, sal y cilantro)
250 ml de crema agria desnatada o semidesnatada

En una sartén de tamaño medio, coloca las pechugas de pollo y cubre con caldo. Hierve a fuego lento durante unos 20 minutos, o hasta que estén cocidas. Deja que se enfríen en el caldo. Desmenúzalas con las manos, ponlas en un cuenco y añade la cebolleta, si la toleras, y el queso rallado.

Precalienta el horno a 180 ºC. Engrasa un recipiente apto para el horno de unos 20 x 30 cm.

Calienta las tortillas de una en una en una sartén antiadherente hasta que estén tiernas. En el medio de cada tortilla, vierte un poco de la mezcla del pollo y una cucharadita de leche o de caldo de pollo, enróllala y colócala con los bordes laterales hacia abajo en una cazuela.

Cubre la cazuela con papel de aluminio y hornea de 20 a 30 minutos.

Añade la salsa verde y la crema agria en un vaso mezclador y bate a velocidad media (o bien a mano) hasta obtener una salsa homogénea. Vierte la salsa verde sobre las enchiladas y sirve. Lleva el resto de la salsa a la mesa por si alguien desea servirse más.

Cada ración contiene (utilizando tortillas de harina):
470 calorías; 35,5 g de proteínas; 51 g de hidratos de carbono; 13 g de grasas; 5 g de grasas saturadas; 70 mg de colesterol; 3 g de fibra (si se utilizan tortillas de maíz); 715 mg de sodio. Calorías grasas: 25 %.

Falsa ternera al estilo parmesano

Para 4 raciones:

4 pechugas de pollo, deshuesadas y sin piel
55 ml de huevina
115 g de pan rallado sazonado (puede ser natural, sin sazonar)
½ cucharadita de ajo en polvo (si se tolera)
1 cucharadita de mezcla de hierbas para sazonar
1 cucharadita de perejil seco
1 cucharada de aceite de girasol
225 g de salsa de zanahoria (*véase* la receta)
120 g de queso mozzarella semidesnatado o bajo en grasa

Sugerencia de presentación: sirve cada pechuga sobre unos 50 g de *fettuccinis* integrales cocidos.

Precalienta el horno a 176 °C.

Coloca una de las pechugas de pollo sobre dos hojas de papel sulfurizado. Golpea la carne de pollo con una maza hasta que obtengas de un grosor de 0,5 cm (también puedes pedírselo al carnicero).

Pon el sustitutivo de huevo en un cuenco pequeño y poco profundo. En otro cuenco, pon el pan rallado, el ajo en polvo (si se tolera), la mezcla de hierbas y el perejil, y mezcla bien. Sumerge cada pechuga en el cuenco con huevo y las hierbas y reboza bien con el pan rallado.

Engrasa el fondo de una bandeja para el horno de 20 x 20 cm y coloca las pechugas empanadas. Hornea durante 20 minutos. Después, extiende una cuarta parte de la salsa de zanahoria sobre cada pechuga y coloca encima la mozzarella. Hornea durante 10 minutos más, o hasta que el pollo esté cocido y el queso se haya derretido. Sirve sobre la pasta si lo deseas.

Cada ración contiene: 416 calorías; 42 g de proteínas; 26 g de hidratos de carbono; 15 g de grasas; 5,5 g de grasas saturadas; 95 mg de colesterol, 2 g de fibra; 1.150 mg de sodio. Calorías grasas: 32%.

Salsa de zanahoria

Para 200 g de salsa, aproximadamente:
100 g de zanahorias ralladas
120 ml de leche entera o semidesnatada
1 cucharada de mantequilla o margarina
2 cucharaditas de maicena
4 cucharadas de leche entera o semidesnatada
3 cucharadas de queso parmesano
Media cucharadita de orégano
Pimienta al gusto

Haz un puré con las zanahorias en una batidora o un robot, añadiéndole 120 ml de leche. En una sartén antiadherente, derrite la mantequilla a fuego medio, luego añade el puré de zanahorias y cuece durante un minuto.

En un plato pequeño, mezcla 2 cucharaditas de maicena con 2 cucharadas de leche y mezcla con las otras 2 cucharadas de leche. Agrega las zanahorias, removiendo sin cesar, y cuece unos cuantos minutos más. Baja el fuego, agrega el queso y las especias y dejar cocer a fuego lento un poco más.

Versiones light de 10 platos grasos

Crêpes o panqueques de mantequilla

Empezar el día con unas cuantas deliciosas *crêpes*, junto a un montón de mantequilla y al lado de tres grasientas salchichas puede poner en órbita el reflujo ácido de cualquiera. Pero empezar con un par de *crêpes* ligeras, un chorrito de sirope y dos salchichas de carne magra dará paso a un día sin ardor de estómago.

Para 5 raciones (de unas 3 o 4 *crêpes* cada una):
   140 g de harina de repostería (o harina integral)
   140 g de harina integral
   2 cucharaditas de levadura en polvo
   1 cucharadita de bicarbonato
   ½ cucharadita de sal
   2 cucharadas de azúcar
   1 huevo grande
   55 ml de huevina (o 2 claras de huevo)
   450 g de crema de leche (desnatada)
   1 cucharadita de vainilla
   2 cucharadas de aceite de girasol
   80 ml de sirope bajo en calorías

Sugerencia de presentación: sirve cada grupo de *crêpes* (3 o 4) con un par de salchichas sin grasa o hamburguesas y un cuenco pequeño de fruta fresca.

Mezcla la harina, la levadura, el bicarbonato, la sal y el azúcar en un cuenco mediano y bate bien con un tenedor.

Mezcla los huevos, la crema de leche y la vainilla en un vaso batidor y bate a velocidad media hasta que obtengas una pasta uniforme.

Añade la mantequilla derretida, el sirope y los ingredientes secos a la mezcla de huevos y crema de leche y bate a velocidad lenta, pero no en exceso.

Deja reposar la masa unos 20 minutos. Engrasa una crepera o una sartén antiadherente y deja que se caliente bien.

Vierte un cazo de la masa en la crepera o en la sartén y deja que se cueza hasta que salgan burbujas (de 30 a 60 segundos). Da la vuelta a la *crêpe* con la ayuda de una espátula y deja que se cueza unos 30 o 60 segundos más por el otro lado, o hasta que se dore ligeramente.

Cada ración contiene: 292 calorías; 11 g de proteínas; 46 g de hidratos de carbono; 7,5 g de grasa; 1,3 g de grasas saturadas; 46 mg de colesterol; 3,3 g de fibra; 840 mg de sodio. Calorías grasas: 24 %.

Tortilla Denver light

Estas tortillas van muy bien con un plato de carne y verduras (*véase* receta siguiente).

Para 2 tortillas muy esponjosas:
80 g de champiñones frescos en láminas finas
1 pimiento verde mediano (si se tolera bien)
4 cebolletas cortadas finas en diagonal (si se toleran bien)
¼ de cucharadita de albahaca seca y picada
125 ml de caldo de pollo

110 g de jamón magro cortado en tiras de 2,5 cm
75 g de tomates cherry cortados por la mitad
55 ml de huevina
2 huevos
Aceite de girasol

Calienta una sartén antiadherente mediana engrasada con el aceite de girasol. Añade los champiñones laminados, el pimiento, la cebolleta y la albahaca. Saltea durante unos 20 segundos y después agrega el caldo de pollo; cuece removiendo con frecuencia hasta que todo esté tierno. Incorpora el jamón y los tomates cherry y reserva.

Mezcla la huevina con las yemas de los 2 huevos en un cuenco mediano y reserva. Bate las claras a punto de nieve y mezcla cuidadosamente con la preparación de las yemas.

Engrasa con generosidad una sartén y caliéntala a fuego medio. Vierte la mitad de la mezcla de los huevos y cuece hasta que obtengas una textura firme (unos 2 minutos). Da la vuelta a la tortilla cuando esté ligeramente dorada por el otro lado (1 minuto más o menos). Rellena con la verdura y el jamón y dobla por la mitad si lo deseas. Sirve en un plato.

Repite la operación con el resto de la mezcla de huevos.

Cada ración contiene: 188 calorías; 22 g de proteínas; 9 g de hidratos de carbono; 229 mg de colesterol; 2 g de fibra, 690 mg de sodio. Calorías grasas: 34%.

Sartenada de carne y verdura sin aceite

Para 2 raciones:
   1 kg de patatas rojas cortadas en dados de 0,8 cm
   375 ml de caldo de pollo (bajo en sal)
   150 g de cebolla picada (si se tolera bien)
   1 o 2 dientes de ajo (si se tolera bien)
   1 cucharada de perejil seco

Opcional: 45 g de queso cheddar rallado.

Calentienta el caldo de pollo, la cebolla, el ajo, el perejil y las patatas en una cazuela mediana hasta que hiervan.

Baja el fuego y cuece lentamente, sin tapar, hasta que el caldo se evapore y las patatas estén tiernas (unos 15 minutos). Añade el queso si lo deseas.

Cada ración contiene (contando el queso): 255 calorías; 10 g de proteínas; 39,5 g de hidratos de carbono; 6 g de grasa; 20 mg de colesterol; 220 mg de sodio. Calorías grasas: 22 %.

Sartenada de patatas, jamón y huevos

   1 patata mediana hervida
   1 huevo
   25 ml de huevina
   1 cucharada de leche desnatada
   1 cucharada de perejil fresco bien picado (o 1 cucharadita de perejil seco)
   ¼ de cucharadita de sal (opcional)

Pimienta molida (si se tolera)

Aceite

70 g de cebolla finamente picada

40 g de jamón magro cortado en dados

Agua (si es necesario)

Pincha tres veces las patatas con un tenedor y cuécelas en el microondas a máxima potencia hasta que estén tiernas (unos 7 minutos). Deja que se enfríen.

Con un cuchillo de plástico, pela las patatas (opcional) y córtalas en rodajas de 0,6 cm. Reserva.

En un cuenco mediano, bate con un tenedor el huevo, la huevina, la leche, el perejil, la sal (opcional) y una pizca de pimienta hasta que todo esté bien incorporado.

Engrasa una sartén antiadherente y pon la cebolla y el jamón, y saltea a fuego medio dándole vueltas con una espátula hasta que la cebolla esté blanda pero no dorada (unos 5 minutos). Si lo consideras necesario, añade 125 ml de agua.

Agrega las rodajas de patata a la sartén y sigue salteando a fuego medio, removiendo con la espátula, hasta que esté ligeramente dorado (unos 5 minutos). Si es necesario, incorpora 125 ml de agua.

Vierte en la sartén la mezcla de huevos y retírala del fuego para repartir bien el huevo. Baja el fuego y cuece durante 5 minutos más sin remover. Con la ayuda de la espátula, mueve el fondo de la sartén para evitar que se peguen los huevos.

Una vez que los huevos hayan cuajado, con la ayuda de un plato, da la vuelta a la sartén sujetándola con firmeza.

Cada ración contiene: 383 calorías; 23 g de proteínas; 57 g de hidratos de carbono; 6,8 g de grasa; 2 g de grasas saturadas; 225 g de colesterol; 5,5 g de fibra; 590 mg de sodio. Calorías grasas: 16 %.

Ensalada de macarrones para puristas

He aquí una receta sencilla de ensalada de macarrones. Es tan sencilla que resulta fácil de preparar y gusta tanto a niños como a adultos.

Para 8 raciones como guarnición:
  3 huevos duros
  500 g de macarrones crudos (de trigo integral o de mezcla con trigo integral)
  3 cebolletas finamente picadas (incluida una parte verde)
  2 cucharaditas de perejil seco o dos cucharadas de perejil fresco finamente picado
  ¼ de cucharadita de sal
  Pimienta recién molida al gusto
  2 cucharadas de mayonesa tradicional o *light*
  60 g de nata agria *light* o desnatada

Cuece los huevos y después hierve los macarrones siguiendo las instrucciones del paquete (cuécelos de 8 a 10 minutos). Escúrrelos bien, enjuágalos y deja que se enfríen.

Pon los macarrones en una fuente junto con la cebolleta picada, el perejil, sal y pimienta al gusto. En un tazón, mezcla la mayonesa con nata agria y añade a los macarrones.

Pela los huevos duros y retira las yemas de dos de ellos. Pica los huevos y añádelos a los macarrones. Salpimienta al gusto, si es necesario. Deja que repose en la nevera durante toda la noche (si se ha preparado con antelación).

Cada ración contiene: 145 calorías; 5,5 g de proteínas; 21,5 g de hidratos de carbono; 3,8 g de grasa; 0,7 g de grasas saturadas; 28 mg de colesterol; 5 g de fibra; 128 mg de sodio. Calorías de grasas: 24 %.

Patatas fritas al horno

Una vez hayas probado estas patatas, no querrás volver a las tradicionales patatas que se fríen en abundante aceite. Si no toleras bien la sal condimentada, puedes añadir sal pura y la mezcla de hierbas que desees.

Para 6 raciones:
    4 patatas grandes para asar
    1 cucharada de aceite de girasol
    Aceite de girasol
    ½ cucharadita de sal condimentada o más (al gusto)

Cepilla y lava las patatas sin pelar y córtalas por la mitad a lo ancho. Colócalas con la parte cortada hacia abajo sobre una tabla de cocina y córtalas en cuñas con la ayuda de un descorazonador de manzanas. Si tienes tiempo, sumerge las patatas en agua fría durante una hora para eliminar el exceso de fécula; después, escúrrelas y sécalas bien. Precalienta el horno a 220 °C. Engrasa el fondo de una bandeja de asar de unos 20 x 30 cm con una cucharada de aceite de girasol.

Coloca los gajos de patatas en la bandeja. Rocía con una cantidad generosa de aceite de girasol y asa durante unos 20 minutos. Da la vuelta a las patatas, sálalas y ásalas durante otros 10 minutos, hasta que estén ligeramente doradas.

Cada ración contiene: 203 calorías; 3,5 g de proteínas; 41,5 g de hidratos de carbono; 2,4 g de grasa; 0 g de grasas saturadas; 0 mg de colesterol; 4 g de fibra; 204 mg de sodio. Calorías de grasas: 24 %.

Ensalada de repollo

Para 8 raciones como guarnición:
80 g de azúcar
½ cucharadita de sal
⅛ cucharadita de pimienta recién molida
60 ml de leche semidesnatada (o entera)
2 cucharadas de mayonesa tradicional o ligera
6 cucharadas de nata agria desnatada o semidesnatada
60 ml de suero de leche semidesnatada
1 ½ cucharada de vinagre de vino blanco (o de vinagre de arroz condimentado)
2 ½ cucharadas de zumo de limón
800 g de repollo cortado en juliana o picado (aproximadamente media pieza)
250 g de zanahoria rallada

Vierte en una fuente grande el azúcar, la sal, la pimienta, la leche, la mayonesa, la nata agria, el suero de leche, el vinagre y el zumo de limón, y bate a baja velocidad hasta que obtengas una salsa homogénea.

Añade el repollo y las zanahorias y remueve bien para mezclarlos con la salsa. Tapa y deja que se enfríe hasta el momento de servir.

Cada ración contiene: 99 calorías; 2,5 g de proteínas; 17 g de hidratos de carbono; 3 g de grasa; 0,5 g de grasa saturada; 3 mg de colesterol; 2 g de fibra; 190 mg de sodio. Calorías de grasas: 27 %.

Pollo frito (pero cocinado al horno)

El pollo frito es uno de los alimentos fritos favoritos en algunos países como Estados Unidos en todas las estaciones del año, por lo que no puedo omitirlo a la hora de explicar cómo aligerar los alimentos grasos. Ésta es una receta sabrosa, ligeramente condimentada. Si deseas un condimento un poco más fuerte, añade una cucharadita de alguna mezcla que contenga pimentón, pimienta, guindilla, etcétera (siempre que lo toleres).

Para 4 raciones:
4 pechugas de pollo sin piel (con o sin hueso)
250 ml de suero de leche desnatada
1 a 2 cucharaditas de aceite de girasol (para engrasar la bandeja de asar)
100 g de harina de trigo no blanqueada

½ cucharadita de pimienta negra recién molida
½ cucharadita de sal *kosher* (o sal común)
¼ de cucharadita de pimienta de cayena
Aceite de girasol

Lava las pechugas y sécalas bien con papel de cocina. Colócalas en una bolsa de congelar grande y vierte por encima el suero de leche. Cierra bien la bolsa e introdúcela en la nevera durante media hora como mínimo.

Precalienta el horno a 200 ºC. Engrasa el fondo de una bandeja de hornear de unos 22 x 22 cm con 1 o 2 cucharaditas de aceite de girasol.

Vierte la harina, la pimienta, la sal y la pimienta de cayena en otra bolsa de congelar y agita bien para mezclar los ingredientes.

Deja que se escurran las pechugas e introdúcelas una a una en la bolsa con la harina condimentada. Sacude la bolsa con fuerza para que las pechugas estén bien rebozadas. A continuación, colócalas en la bandeja de hornear engrasada.

Rocía con el pulverizador la parte superior de las pechugas con una generosa cantidad de aceite de girasol. Ásalas en el horno a media altura de 20 a 25 minutos, o hasta que el pollo esté dorado por fuera y cocido por dentro.

Cada ración contiene (si se emplea 1 cucharadita de aceite de girasol para engrasar la bandeja de hornear): 215 calorías; 29,5 g de proteínas; 13 g de hidratos de carbono; 4 g de grasa; 0,6 g de grasa saturada; 0,5 g de fibra; 69 mg de colesterol; 600 mg de sodio. Calorías de grasas: 18 %.

Flautas de carne de ternera

Estas tortillas rellenas de carne se enrollan como una flauta y se fríen en aceite abundante hasta que están crujientes. En esta receta se fríen en el horno con mucho menos aceite, y aun así quedan crujientes.

Para 6 flautas largas:
 500 g de carne magra de ternera picada
 1 cebolla mediana picada
 1 cucharadita de ajo picado seco
 ½ cucharadita de guindilla en polvo (si se tolera)
 1 cucharadita de orégano seco
 ½ cucharadita de pimentón
 ¼ de cucharadita de comino molido
 ¼ de cucharadita de pimienta
 2 cucharaditas de salsa Worcestershire
 120 ml de salsa mexicana suave (o salsa verde o nata agria desnatada, si no se tolera)
 12 tortillas de maíz
 Aceite de girasol

Sugerencia: acompaña con guacamole (y salsa mexicana suave, si se tolera)

Precalienta el horno a 200 ºC. Pon en una sartén la carne picada, la cebolla y el ajo, y fríelos a fuego medio hasta que se doren, desmenuzando la carne con la ayuda de una espátula mientras se cuece.

Envuelve seis tortillas de maíz en un paño de cocina húmedo y caliéntalas en el microondas a temperatura media durante unos 2 minutos. (Si no dispones de microondas, tendrás que calentar cada tortilla, una por una, en una sartén sin engrasar a temperatura media hasta que esté flexible, o, lo que es lo mismo, unos 15 segundos por cara.)

Para cada flauta, rocía ambas caras de dos tortillas con aceite de girasol. Coloca las dos tortillas sobre la superficie de trabajo de manera que se solapen unos 10 cm y pon en el centro 4 cucharadas del relleno. Enrolla con cuidado las dos tortillas y colócalas en una bandeja de hornear de fondo grueso. Hornea las flautas en el horno precalentado hasta que las tortillas estén crujientes (15 minutos).

Cada ración (1 flauta) contiene: 248 calorías; 15,5 g de proteínas; 32,5 g de hidratos de carbono; 6,5 g de grasas; 20 mg de colesterol; 4 g de fibra; 280 mg de sodio. Calorías de grasas: 24 %.

Minitamales de maíz

Por lo general, los tamales se envuelven en hojas de maíz en remojo cocidas al vapor. Sin embargo, para que esta receta te resulte fácil y rápida de preparar, envolveremos los tamales en papel de aluminio. Se puede hacer cierta cantidad para conservarlos. Una vez fríos, se deben desenvolver para introducirlos en el congelador dentro de una bolsa de congelar. Para preparar rápidamente un almuerzo o una cena se sacan los tamales necesarios y se calientan en el microondas (unos 4 minutos en el caso de dos tamales).

Para 24 minitamales:

200 g de harina de maíz

300 ml de caldo de pollo

½ cucharadita de sal

3 cucharadas de aceite de girasol

60 ml de nata agria desnatada o *light*

500 g de pechuga de pollo asada o braseada desmenuzada

60 g de aceitunas picadas

1 cebolla mediana picada

125 ml de salsa de enchilada, salsa verde o salsa de carne baja en grasa (si se tolera)

Agua hirviendo

Nota: si no se tolera bien el tomate o los derivados del tomatillo, se puede utilizar 125 ml de salsa de carne en vez de la salsa de enchilada o la salsa verde.

Prepara 24 trozos de aluminio: desenrolla unos 15 cm y separa el trozo del rollo con cuidado, y luego corta el rectángulo por la mitad para obtener dos cuadrados. Repite la operación 11 veces más para obtener 24 cuadrados.

En una fuente grande, mezcla la harina, el caldo de pollo, la sal (si se desea), el aceite y la nata agria. Bate ligeramente con la ayuda de una batidora eléctrica hasta obtener una masa espesa. Extiende una cucharada colmada de esta masa en forma de un cuadrado de 7,5 cm de lado en el centro de cada hoja de aluminio.

En otra fuente, mezcla el pollo, las aceitunas y la cebolla. Añade la salsa de enchilada o salsa verde (o de carne) e incorpora bien con la cuchara grande. Extiende una cucharada colmada del relleno de pollo en el centro de cada cuadrado de masa. Junta los extremos de la hoja de aluminio de manera que se junten también los extremos de la masa. Envuelve bien los tamales en las hojas de aluminio, enrollando los extremos largos para fijar el envoltorio.

Colocar una rejilla en una olla y vierte el agua hirviendo hasta que alcance una profundidad de 2,5 cm. El agua no debe tocar los tamales colocados encima de la rejilla. Si ésta es demasiado baja, colócala sobre dos latas pequeñas. Dispón los tamales sobre la rejilla de manera que no estén muy juntos y que pueda circular el vapor alrededor de ellos. Lleva a ebullición, tapa la olla y adecúa el fuego de modo que el agua siga hirviendo de un modo constante. Sigue hirviendo los tamales (añadiendo agua para mantener el nivel) hasta que la masa esté bien firme y no se pegue en la hoja de aluminio (prueba con uno de los tamales del centro tras una hora de cocción al vapor).

Cada ración (2 minitamales) contiene: 161 calorías; 10 g de proteínas; 17,5 g de hidratos de carbono; 5,5 g de grasas; 20 mg de colesterol; 2,5 g de fibra; 190 mg de sodio. Calorías de grasas: 32 %.

Cinco postres que no contienen chocolate ni menta

Barritas de lima

Soy gran amante de las barritas de limón y los pasteles de lima, de modo que no tuve que dedicar demasiado tiempo a elaborar una versión más ligera de la receta de barritas de lima. Me encanta la idea de combinar la clásica receta de barritas de limón con la del pastel de lima. Confieso que me inquietaba la posibilidad de ver frustrado mi intento tras tantas expectativas creadas, aunque no tenía motivo: estas barritas de lima están riquísimas. La corteza de galleta era blanda y suave y la cobertura de lima tenía el justo equilibrio de dulzor y acidez.

Para 12 barras o 24 barritas:
   3 cucharadas de mantequilla o margarina
   3 cucharadas de queso cremoso tipo Philadelphia ligero o desnatado
   100 g de azúcar
   1 yema de huevo
   180 g de harina no blanqueada
   2 cucharadas de azúcar de lustre
   1 huevo
   60 g de huevina
   200 g de azúcar
   80 ml de zumo de lima
   2 cucharadas de azúcar de lustre (para espolvorear antes de servir)

Precalienta el horno a 180 °C. Engrasa un molde para hacer bizcochos de unos 20 x 20 cm.

En la batidora eléctrica, bate la mantequilla, el queso cremoso y 100 g de azúcar hasta que obtengas una masa ligera y suave. Incorpora la yema sin dejar de batir y agrega los 180 g de harina. Extiende la masa en el molde preparado. Espolvorea azúcar de lustre sobre la masa de manera que no se pegue a la palma de la mano al aplastarla para formar una base en el molde. Hornea durante 15 minutos. Mientras, bate ligeramente en una fuente (puede ser la misma que se ha utilizado para preparar la base) el huevo y la huevina. Incorpora 200 g de azúcar y 2 cucharadas de harina y bate a baja velocidad hasta que obtengas una crema homogénea. Añade el zumo de lima y bate a baja velocidad hasta que todo esté bien mezclado. Vierte la crema sobre la base horneada caliente y hornea durante 15 minutos más.

Deja que se enfríe el molde. Antes de cortar las raciones y servirlas, espolvorea 2 cucharadas o más de azúcar de lustre.

Cada barra (si se cortan 12 barras por receta) contiene: 180 calorías; 2,6 g de proteínas; 33 g de hidratos de carbono; 4,5 g de grasa, 2,5 g de grasa saturada; 45 mg de colesterol; 0,3 g de fibra; 55 mg de sodio. Calorías de grasa: 22 %.

Pastel cremoso de cereza

Para 12 raciones:
1 cucharada de mantequilla o margarina
2 cucharadas de nata agria desnatada o ligera
1 cucharada de licor de limón o naranja (Grand Marnier o Caravella)
250 g de galletas integrales ralladas

Relleno:
400 ml de leche condensada
60 ml de zumo de limón

250 ml de nata agria desnatada o *light*
600 ml de relleno de cereza para pasteles

Precalienta el horno a 200 ºC. Engrasa con aceite de girasol un molde para hornear de 20 cm de profundidad.

En el robot de cocina, mezcla la mantequilla, la nata agria desnatada, el licor de limón o naranja y las galletas integrales hasta que obtengas una masa homogénea. (Si no dispones de un robot de cocina, mezcla la nata, el licor y la mantequilla en un cuenco, vierte la preparación sobre las galletas integrales en una fuente y bate bien hasta que obtengas una masa homogénea). Extiende la masa en el fondo del molde y en los lados hasta media altura y reserva.

Pon en la batidora la leche condensada, el zumo de limón y los 250 ml de nata agria desnatada y bate a baja velocidad hasta obtener una mezcla suave y cremosa. Extiende la preparación sobre la base del pastel en el molde.

Dispón el relleno de cereza sobre la crema con la ayuda de una cuchara pequeña. Hornea durante 18 minutos, o hasta que el relleno esté bien asentado. Deja que el pastel se enfríe durante 30 minutos y después introdúcelo en el frigorífico para que se enfríe por completo antes de cortarlo en 12 raciones.

Cada ración contiene: 239 calorías; 5 g de proteínas; 49 g de hidratos de carbono; 2,3 g de grasa; 1 g de grasa saturada; 3 mg de colesterol; 0,7 g de fibra; 140 mg de sodio. Calorías de grasa: 9 %.

Galletas «snickerdoodle»

Soy consciente de que las galletas con virutas de chocolate son las más populares, pero si se trata de evitar este producto, las galletas que propongo son casi igual de buenas. Se conservan tiernas durante días, aunque recomiendo probarlas recién horneadas.

Para 3 docenas de galletas:
   125 g de mantequilla
   85 g de jarabe de maíz ligero
   65 g de queso cremoso tipo Philadelphia (en un bloque)
   280 g de azúcar blanquilla (también se puede emplear 150 g de azúcar y 130 g de edulcorante Splenda)
   1 huevo
   2 claras de huevo
   2 cucharaditas de extracto de vainilla de sabor intenso (también puede ser la normal)
   190 g de harina blanca no blanqueada
   160 g de harina de trigo integral
   2 cucharaditas de crémor tártaro
   1 cucharadita de bicarbonato sódico
   ¼ de cucharadita de sal
   3 cucharadas de azúcar blanquilla
   3 cucharaditas de canela en polvo

Precalienta el horno a 200 ºC. Engrasa una placa de hornear de fondo grueso. Mezcla en la batidora, a velocidad media, la mantequilla, el jarabe de maíz, el queso y 280 g de azúcar. Incorpora el huevo, las claras de huevo y la vainilla, y bate hasta que esté bien mezclado.

Agrega la harina, el crémor tártaro, el bicarbonato y la sal en una fuente y bate a baja velocidad hasta que se forme una masa. Deja que se enfríe en el frigorífico durante 2 horas o hasta que esté suficientemente firme para poder manipularla. Mezcla bien tres cucharadas de azúcar y la canela en un cuenco.

Con la ayuda de una cucharita, forma bolas de masa y pásalas generosamente por la mezcla de azúcar y canela. Colócalas en la placa de hornear a 5 cm de distancia unas de otras y hornea durante 8 minutos, o hasta que estén cocidas, pero no demasiado duras. Retira de inmediato de la placa de hornear.

Cada galleta contiene: 99 calorías; 1,5 g de proteínas; 17 g de hidratos de carbono; 2,9 g de grasa; 1,7 g de grasa saturada; 13 mg de colesterol; 0,3 g de fibra; 90 mg de sodio. Calorías de grasa: 26%.

Barritas de coco y frambuesa

Las barritas de frambuesa no deben confundirse con las de limón, que son más populares. Estas barritas contienen coco y nueces picadas y están recubiertas de una delgada cobertura horneada de tipo merengue. No hace falta decir que la versión *light* de esta receta resulta muy ligera. ¡Me encanta esta receta!

Para 24 barritas:
6 cucharadas de mantequilla o margarina
6 cucharadas de queso cremoso tipo Philadelphia

375 g de azúcar blanquilla (también se puede emplear 250 g de azúcar y 125 g de edulcorante Splenda)
2 huevos (separadas las yemas y las claras)
90 g de harina blanca
90 g de harina de trigo integral
85 g de frambuesas en conserva (si se utilizan conservas con un bajo contenido en azúcar, se reducirá el contenido calórico de este ingrediente)
60 g de coco rallado
100 g de nueces picadas

Precalienta el horno a 180 °C. Engrasa con aceite de girasol un molde para hornear de 22 x 32 cm.

En la batidora eléctrica, bate la mantequilla, el queso y 250 g de azúcar hasta que obtengas una masa ligera y suave. Incorpora las yemas de huevo y ve añadiendo gradualmente la harina. Extiende la masa en el molde y hornea durante unos 15 minutos. Deja que se enfríe ligeramente y esparce por encima de la base las frambuesas; espolvorea con el coco rallado.

Bate las claras de huevo a punto de nieve. Agrega poco a poco el resto del azúcar (125 g) y después las nueces. Extiende la mezcla sobre las frambuesas y hornea de nuevo a 180 °C de 8 a 10 minutos, o hasta que la cobertura se dore ligeramente. Deja que se enfríe y corta en 24 barritas.

Cada ración contiene: 170 calorías; 2 g de proteínas; 26,5 g de hidratos de carbono; 6,5 g de grasa; 3 g de grasa saturada; 26 mg de colesterol; 2 g de fibra; 56 mg de sodio. Calorías de grasa: 35%.

Crujiente de manzana

Esta receta admite muchas variantes. Por ejemplo, en vez de manzanas es posible emplea 900 g de cuñas de melocotón y 300 g de frambuesas para elaborar un pastel colorido y sabroso.

Para 9 raciones:

De 900 a 1.200 g de manzanas cortadas en cuñas, peladas o no, según se prefiera
6 cucharadas de harina de trigo integral
6 cucharadas de harina de trigo blanca
75 g de copos de avena a la antigua
150 g de azúcar moreno
½ cucharadita de sal
¾ de cucharadita de canela en polvo
¼ de cucharadita de pimienta
4 cucharadas de mantequilla o margarina derretida
1 cucharadita de vainilla
2 cucharadas de suero de leche (también se puede emplear leche normal)

Precalienta el horno a 190 ºC. Engrasa con aceite de girasol un molde de hornear de 22,5 x 22,5 cm. Dispón las cuñas de manzana en el molde engrasado.

Mezcla en una fuente mediana los ingredientes secos. En un cuenco, incorpora la mantequilla, la vainilla y el suero de leche removiendo con un tenedor. Extiende esta preparación sobre los ingredientes secos y mezcla bien con el tenedor hasta que obtengas una masa inconsistente. Esparce de manera uniforme la masa sobre las cuñas de manzana. Hornea de 30 a 35 minutos, o hasta que las manzanas estén blandas y la cobertura esté ligeramente dorada. Sirve caliente y acompañado de helado de vainilla, si lo deseas.

Cada ración contiene: 206 calorías; 2,5 g de proteínas; 37,5 g de hidratos de carbono; 6 g de grasa, 3,3 g de grasa saturada; 14 mg de colesterol; 4 g de fibra; 179 mg de sodio. Calorías de grasa: 25 %.

Torrijas ricas en fibra

Ésta es una de las ocasiones en que una desea que el pan esté duro para que conserve la forma al mojarlo con la mezcla de huevo y leche.

Para unas 4 raciones:
4 huevos grandes (enriquecidos con omega-3, si es posible)
220 g de huevina
375 ml de una mezcla desnatada de crema y leche o de leche baja en grasa
1 cucharada de extracto de vainilla puro
1 cucharada de licor al gusto (Grand Marnier, Amaretto, etcétera)
1 cucharada de azúcar
½ cucharadita de canela en polvo
Una pizca de nuez moscada recién rallada (o canela, si la nuez moscada causa molestias gástricas)
Una pizca de sal

8 rebanadas grandes de pan integral o de cereales (de la variante que se desee) de 2 a 2,5 cm de grosor (lo mejor es utilizar pan del día anterior)
Aceite de girasol

Mezcla los huevos, la huevina, la mezcla desnatada de leche y crema o de leche baja en grasa, la vainilla, el licor, el azúcar, la canela, la nuez moscada y la sal en una fuente y bate hasta que obtengas un líquido suave y homogéneo.

Calienta una sartén grande antiadherente a fuego medio. Sujeta una de las rebanadas con la mano izquierda, sumérgela en la mezcla de huevo y leche y deja que se impregne durante unos 10 segundos. Sácala con cuidado (pesará mucho más que antes de sumergirla), mientras con la mano derecha engrasas una superficie del tamaño de la rebanada en la sartén caliente. Coloca la rebanada de pan en la sartén y repite la misma operación con las otras rebanadas, hasta que la sartén esté llena. Rocía sobre las rebanadas una cantidad generosa de aceite de girasol. Fríe las torrijas hasta que se doren por un lado (unos 2 minutos) y después dales la vuelta para que se doren por el otro (unos 2 minutos más).

Probablemente habrá suficiente mezcla de huevo y leche para dos tandas más de torrijas (unas 9 rebanadas gruesas).

Cada ración contiene: 306 calorías; 11 g de proteínas; 50 g de hidratos de carbono; 7,5 g de grasa; 2,8 g de grasa saturada; 3 g de grasa monoinsaturada; 1,5 g de grasa poliinsaturada; 117 mg de colesterol; 5 g de fibra; 358 mg de sodio. Calorías de grasa: 22 %.

Bagel (panecillo) de espinacas y setas

Para 1 ración:
200 g de setas frescas laminadas (champiñones, por ejemplo)
1 *bagel* integral de cereales o trigo
6 cucharadas de huevina
50 g de espinacas congeladas cortadas, descongeladas y bien escurridas (o 30 g de espinacas crudas)
Pimienta negra al gusto
2 cucharaditas de cebollino fresco recién picado (o congelado)
3 cucharadas de queso rallado bajo en grasa

Saltea las setas en una sartén pequeña antiadherente con un poco de aceite (suficiente para engrasar el fondo) hasta que estén doradas (unos 3 minutos). Mientras, corta el *bagel* por la mitad y tuéstalo en la tostadora o en el horno.

Vierte la huevina en un pequeño molde de 12,5 cm de diámetro resistente al microondas, previamente engrasado con aceite de girasol. Incorpora las espinacas (si se utilizan congeladas y cortadas), remueve y cuece en el microondas a temperatura alta durante 1 minuto. Espolvorea con pimienta negra al gusto y cebollino picado.

Monta el *bagel* colocando sobre la mitad inferior el queso y las setas salteadas y encima la pasta de huevo con espinacas. Si empleas espinacas frescas, coloca encima del huevo las hojas crudas y tomate (si lo deseas). Cubre con la otra mitad del *bagel*. El queso rallado debería derretirse dentro del panecillo.

Cada *bagel* contiene: 437 calorías; 31 g de proteínas; 66 g de hidratos de carbono; 6,7 g de grasa; 3,7 g de grasa saturada; 1,5 g de grasa monoinsaturada; 1,5 g de grasa poliinsaturada; 14 mg de colesterol; 12 g de fibra; 890 mg de sodio. Calorías de grasa: 14%.

Base de pizza con ajo y finas hierbas (alto contenido en fibra)

Para 4 raciones:
125 ml + 3 cucharadas de agua, caliente o a temperatura ambiente
1 ½ cucharadita de melaza
4 cucharaditas de aceite de oliva virgen extra
1 cucharada de ajo picado
1 cucharada de albahaca fresca picada (o 1 cucharadita de albahaca seca)
1 cucharada de orégano fresco picado (o 1 cucharadita de orégano seco)
90 g + 2 cucharadas de harina de trigo integral
125 g de harina blanca
½ cucharadita de sal
1 ½ cucharadita de levadura de efecto rápido o de panadería

Vierte el agua, la melaza, el aceite de oliva, el ajo, la albahaca y el orégano en el recipiente de la máquina panificadora (a menos que el fabricante recomiende otro orden), incorpora los dos tipos de harina y finalmente la sal en una de las esquinas. Practica un hueco en el centro de la harina y vierte en él la levadura. Selecciona el ciclo de amasado y acciona la máquina. Una vez concluido el programa de amasado de la máquina de hacer pan (más o menos 1 hora y 40 minutos), divide la masa en cuatro piezas. Estira cada una dándole forma de círculo de unos 17,5 cm de diámetro. Dispón encima la salsa que prefieras (salsa para pizza o pesto) y los ingredientes de la pizza (queso, vegetales, etcétera).

Hornea las minipizzas a 200 ºC, hasta que la base esté dorada (unos 12 a 15 minutos).

Cada ración (sólo la base) contiene: 250 calorías; 7 g de proteínas; 45 g de hidratos de carbono; 5,5 g de grasa; 0,8 g de grasa saturada; 0 mg de colesterol; 4,5 g de fibra; 538 mg de sodio. Calorías de grasa: 19 %.

Sabrosos brownies sin chocolate

Éste es un sabroso postre que no tiene nada que ver con dos ingredientes potencialmente causantes de ardor de estómago que gozan de gran popularidad en los departamentos de repostería: el chocolate y la menta. Ya sé que la receta incluye la opción de añadir virutas de chocolate blanco, pero este último, en realidad, no es chocolate, pues no contiene cacao ni manteca de cacao.

Para 12 raciones:
    60 g de harina de trigo integral
    60 g de harina blanca sin blanquear
    ½ cucharadita de levadura en polvo
    ⅛ de cucharadita de bicarbonato sódico

½ cucharadita de sal

40 g de margarina sin grasas trans

200 g de azúcar moreno

1 huevo grande (enriquecido con omega-3, si es posible)

1 cucharada de extracto de vainilla

125 g de virutas de chocolate blanco (opcional)

Precalienta el horno a 180 ºC. Engrasa con aceite de girasol un molde antiadherente redondo o cuadrado de 22,5 cm de diámetro o de lado.

Vierte las harinas, la levadura, el bicarbonato y la sal en un recipiente de 1 litro y bate bien; reserva.

Derrite la margarina en un cazo antiadherente pequeño a fuego medio. Incorpora, sin dejar de remover, el azúcar moreno y sigue cociendo la mezcla durante 1 minuto más o menos. Retira del fuego y deja que se enfríe durante varios minutos. Vierte la mezcla de azúcar y margarina en una fuente grande. Incorpora el huevo y la vainilla, y bate a velocidad baja o media hasta que esté bien mezclado. Agrega poco a poco, batiendo a baja velocidad, hasta obtener una masa homogénea. Añade, sin dejar de batir, las virutas de chocolate blanco si se lo deseas y vierte todo en el molde preparado.

Hornea de 20 a 25 minutos, o hasta que el *brownie* esté cocido al gusto (si te gusta jugoso, no lo cuezas demasiado). Deja enfriar unos 10 minutos y después corta en 12 cuadrados.

Cada ración contiene: 115 calorías; 2 g de proteínas; 20 g de hidratos de carbono; 3,5 g de grasa; 0,6 g de grasa saturada; 1,4 g de grasa monoinsaturada; 1,3 g de grasa poliinsaturada; 21 mg de colesterol; 1 g de fibra; 158 mg de sodio. Calorías de grasa: 26%.

Filete *Stroganoff* en olla de cocción lenta

Para 4 raciones:
750 g de cuarto trasero, cortado en tiras de 5 cm de longitud, 2,5 cm de anchura y 0,6 cm de grosor
1 lata (300 g) de crema de champiñones con ajo o alguna otra crema de setas con unos 2 g de grasa por ración de sopa (comprueba la etiqueta)
225 g cebolla picada (omítela si no la toleras)
100 g de zanahorias pequeñas
500 g de setas frescas fileteadas
1 cucharada de salsa Worcestershire
60 ml de jerez o vino tinto (o bien caldo de carne o agua)
55 g de queso cremoso tipo Philadelphia *light*
60 ml de nata agria desnatada o *light*
Pimienta al gusto (sal al gusto, es opcional)

En una olla de cocción lenta, pon la carne, la crema de champiñones, la cebolla, las setas fileteadas (si se usan frescas), la salsa Worcestershire y el jerez. Cuece a «baja» velocidad durante ocho horas o en «alta» durante cinco horas. Incorpora el queso y la nata agria (y las setas, si lo deseas) justo antes de servir. Salpimienta al gusto.

Sirve con pasta caliente al huevo o de harina de trigo integral.

Cada ración (sin incluir la pasta) contiene: 360 calorías; 42 g de proteínas; 18 g de hidratos de carbono; 7,5 g de grasa; 5 g de grasa saturada; 101 mg de colesterol; 3 g de fibra; 529 mg de sodio. Calorías de grasa: 31 %.

Capítulo 7

Las reglas de los restaurantes

Como un muerto viviente. ¿Te sientes así cuando sales de un restaurante a última hora de la noche, después de haber disfrutado de una comida opípara, abundante y acompañada de varias rondas de bebidas? Es difícil disfrutar plenamente de una comida maravillosa cuando uno sabe que está a punto de empezar a pagar por las indulgencias del ágape, y eso por no hablar de la tarjeta de crédito. A muchas personas el ardor de estómago les aparece a los pocos minutos de acabar de comer, y también puede molestar durante toda la noche.

Con o sin ardor de estómago, muchos de nosotros acabamos comiendo fuera varias veces por semana, y los restaurantes ofrecen, sin lugar a dudas, diversos inconvenientes. Una vez se conocen los desencadenantes personales del ardor de estómago y los alimentos problemáticos, comer fuera puede ser más fácil y mucho más cómodo si se tienen en cuenta estos dos importantes retos.

Reto n.º 1: gran parte de la comida de los restaurantes suele ser rica en grasas.

Reto n.º 2: las raciones de los restaurantes suelen ser **enormes**, y si dejamos el plato limpio, por decirlo de algún modo, toda esa comida aumenta la presión en el estómago y provoca que los ácidos estomacales irrumpan en el esófago.

Cena inteligente

Si deseas comer en restaurantes sin tener que sufrir las consecuencias (ardor de estómago), evita los desencadenantes y los menús ricos en grasas, y come de manera moderada, hasta que te sientas «a gusto», y no «repleto» o «a reventar». Sigue esos cinco consejos para librarte del ardor de estómago.

Solución 1: elegir un restaurante adecuado

Comprueba que el restaurante al que vas ofrezca algunos platos que sean inocuos para el ardor de estómago, o que al menos pueda preparar un plato que te vaya bien. Un restaurante de comida tailandesa, por ejemplo, si tienes problemas con las especias, no es lo más indicado para ti. O si no te convienen los tomates, las cebollas y el ajo, un restaurante italiano tampoco será el más adecuado.

Solución 2: elegir un menú adecuado

Parece fácil, ¿verdad? Pues no lo es. Aquí tienes unas cuantas preguntas para el camarero que te atienda, y recuerda que por preguntar no se pierde nada, lo único que se puede perder es algunas grasas y calorías extra.

- ¿Los ingredientes de este plato están fritos?
- ¿Cómo está preparado?
- ¿Lleva aceite o mantequilla?
- ¿Está hecho con mayonesa?
- ¿Lleva crema?
- ¿Pueden prepararármelo al vapor o a la plancha en vez de frito o salteado?
- ¿Puedo compartir un plato con mi acompañante en vez de pedirme uno para mí solo?
- ¿Me pueden poner la salsa/aderezo por separado?
- ¿Pueden hacerlo con vino o caldo en vez de con mantequilla o aceite?
- ¿Este plato puede ser al horno o cocido en vez de frito?
- ¿Podrían quitar la piel del pollo antes de prepararlo?
- ¿Puedo pedir ensalada, patata hervida o verdura al vapor en vez de patatas fritas?
- ¿Pueden prepararme este plato sin --------? (la pregunta se referirá a cualquier ingrediente que pueda desencadenar o empeorar el reflujo ácido, como, por ejemplo, cebolla, ajo o tomate).

Resta decir que hay que pedir menús que no incluyan ingredientes que contribuyan al ardor de estómago. Si los tomates ocasionan problemas, nada de salsas o adobos que lo contengan. Si las especias significan disgustos estomacales, hay que evitarlas. Si no se toleran las frituras, hay que decantarse por las gambas a la plancha, por ejemplo, en vez de fritas o empanadas. Cada uno se hace su propia composición de lugar.

Solución 3: optar por la cantidad de comida adecuada

Recuerda que a veces no es «aquello» que uno come, sino «cuánto» come, lo que desencadena el ardor de estómago. Es cierto que cuando se come fuera de casa, comer poco es todo un reto, en especial si se trata de una celebración. Así pues, ¿qué hacemos cuando comemos fuera? Pues tomamos cosas que por lo general no probamos. Antes del plato principal que hemos pedido, solemos tomar varios entrantes (sopa, ensalada y aperitivos). Disfrutamos de la comida, y por lo general, no nos detenemos hasta no estar al límite (sólo señalado por la necesidad de desabrocharnos el pantalón o la falda). Quizás ésta sea la pauta más dura a seguir, la de no comer en exceso, pero la compensación es enorme.

Solución 4: cenar pronto

Para muchas personas con reflujo ácido, cenar tarde es el mayor desencadenante del ardor de estómago nocturno. Pongamos por caso que reservas mesa en el restaurante hacia las 19.00 h; mientras llegas, te sientas, tomas unas copas, pides la comida y acabas, es muy posible que cuando vayas a pagar la cuenta ya sean las 21.00 h. Concédete las tres o cuatro horas necesarias antes de meterte en la cama; si cuentas la hora en que te quieres ir a dormir, es posible que debas reservar mesa en el restaurante para las 17.30 o las 18.00 h. Míralo por el lado bueno: algunos restaurantes tienen precios económicos para los más madrugadores.

Solución 5: masticar bien

Masticar un poco después de las comidas es un buen método para prevenir el ardor de estómago. Lleva un paquete de chicles en el bolsillo o en la cartera (o en el automóvil) y así podrás rematar esas comidas de restaurante con una buena porción de chicle, en vez de hacerlo con una taza de café o un postre (más información sobre mascar chicle en la página 63).

Cinco reglas para hacer una comida «rápida» baja en grasas

Llevas conduciendo horas, y es posible que ahora estés en medio de ninguna parte. Tu estómago lleva protestando unos cuantos kilómetros, así que decides parar en la siguiente salida en la que hay una cadena de comida rápida que conoces bien. Eso es una de las mejores cosas que tienen las cadenas de ese tipo de comidas: ya esté uno en Nebraska o en Londres, si se trata de un McDonalds, sabe lo que le espera.

O pongamos que es la hora de comer y tienes 15 minutos antes de volver al trabajo. ¿Qué otra cosa puedes picar en 10 minutos? Y si hay uno de esos restaurantes para los vehículos, sólo tienes que bajar la ventanilla, ni siquiera tienes que bajarte del automóvil si no quieres. Ésta es la otra gran cosa de la comida rápida: ¡es realmente rápida! (Y otra cosa sobre este tipo de comida es que es barata, ¿en qué otro sitio puedes comer por unos 3 euros?).

Encontrar un sitio de comida rápida cuando tienes reflujo ácido no es el problema, el problema es qué contestar cuando te pregunta el camarero: «¿Qué quiere tomar?».

El tema más complicado para quienes sufren reflujo ácido y van a comer a una cadena de comida rápida es evitar alimentos ricos en grasas. Hace más de 12 años, en mi libro sobre llevar una dieta baja en grasa sin cambiar de estilo de vida, elaboré estas cinco reglas para hacer una comida rápida baja en grasas. Y todavía funcionan.

Regla 1: aprender a limitar la ingesta de grasas

Empezar con un sándwich o un entrante que tenga más o menos un 35 % de calorías grasas. Puedes llegar a esta cifra si haces lo siguiente:

- Elige las salchichas de pollo del sándwich a la plancha, en vez de fritas.
- Evita las hamburguesas y los sándwiches «gran lujo», «extra», o «doble».
- Rechaza la crema y añade a la ensalada el aderezo normal.
- Pide la ración normal de patatas fritas o de otras guarniciones en vez de la «superración».
- Pide la hamburguesa más pequeña y no la de mayor tamaño, ya que tienen un panecillo más grande y

200

suelen llevar kétchup, mostaza y «salsa especial» en vez de mayonesa.

Regla 2: lleva cosas de casa

Observa cualquier comida rápida y piensa en tres elementos calóricos: grasas, proteínas e hidratos de carbono... Piensa en la gran variedad de productos alimentarios (lácteos, cereales, fruta, verdura, y más) y pregúntate qué falta. Más pronto o más tarde llegarás a la conclusión más obvia: la mayoría de la comida rápida carece de fruta y de verdura.

Si tienes suerte, encontrarás alguna cadena alimentaria que venda zumo de naranja o que te deje preparar tu propia ensalada. Si no es así, puedes llevártela tú mismo. Pregunta si puedes llevar fruta y verdura. Sé que al principio puede ser un poco engorroso, pero llega a ser fácil, e incluso contagioso. Una vez que empiezas a hacerlo, verás que otros compañeros de trabajo y también familiares comenzarán a imitarte.

La fruta y la verdura (a excepción de los cítricos y los tomates) no causan problemas a quienes tienen reflujo ácido, y si las incluimos en la comida, es más fácil que no la carguemos con otros alimentos calóricos, ricos en grasa, típicos de la comida rápida, que pueden ocasionar problemas; así pues, vale la pena practicar este sistema.

Práctica n.º 1

Pide sólo un sándwich de pollo y una ensalada (si usas sólo 2 cucharadas para sazonarla, recudes la cantidad de calorías). En este caso te faltaría la fruta. Puedes llevar contigo una pieza de fruta (plátano, manzana, melocotón, etcétera) o comprar una botella de zumo 100 % fruta, o llevarte de casa una fruta o comprarla camino del trabajo.

Práctica n.º 2

Has pasado horas en un atasco de tráfico, estás cansado, frustrado y hambriento. Justo entonces ves un Taco Bell (restaurante mexicano de comida rápida) y decides pedir unas alubias o un combinado de burrito, que contiene almidones, carne y legumbres, pero ¿y la fruta y la verdura? Comprueba si puedes pedirlo con unos palitos de zanahoria o unos trozos de manzana.

Y recuerda pedir una pizza con verduras (evita el salchichón, el beicon o las salchichas).

Regla 3: prepárate tú mismo la ensalada

Quizás necesites llevar algunas cosas. Si en la cadena de comida rápida que frecuentas no ofrecen aderezos para la ensalada bajos en calorías, tienes estas opciones:

- Puedes preparar en casa tu propio aderezo para ensaladas bajo en calorías y llevarlo contigo en un tarro o en un recipiente.
- Si sueles llevarte la comida rápida al trabajo para comértela allí, conserva en la nevera de la oficina una botella con tu aderezo.

Regla 4: deja la crema (opta por otros condimentos)

Muchos de los sándwiches preparados llevan mayonesa y mayonesa enriquecida con salsas, como la «salsa especial» o la salsa tártara. Son salsas que hacen que las calorías de tu sándwich se disparen en menos que canta un gallo. Sustitúyelas por salsa barbacoa, kétchup o mostaza.

No te avergüences por pedir un sándwich sin salsa especial, o sencillamente retírala del panecillo cuando estés en tu mesa.

Yo misma suelo pedir que me cambien la salsa por otro condimento, y eso les parece mejor; es como si necesariamente tuvieran que poner algo en el panecillo. Así, por ejemplo, cuando voy a un sitio así pido un sándwich de pollo con kétchup, lechuga y tomate en vez de con mayonesa.

Regla 5: ¡con uno hay suficiente!

Cuando yo era pequeña solíamos ir a los restaurantes de comida rápida para celebrar alguna fiesta o cumpleaños. Pero ahora la gente suele ir casi cada día. Es la supervivencia en este mundo acelerado.

¿Cuántas comidas rápidas son demasiadas? Depende de cada persona. Mi familia y yo intentamos no ir más de una vez a la semana. Y no se trata de que consideremos «mala» la comida rápida (todos podemos optar por una comida rápida más saludable), sino que la comida casera –tomada en un ambiente familiar y relajante– es mucho mejor.

Si uno antepone la comodidad (e incluso el coste), es posible que acabe comiendo cada día en una de esas cadenas. Y no sólo se trata de que ofrezcan una dieta pobre en fruta, verdura y fibra, y rica en grasas, calorías y azúcar, sino que al final hace que la comida rápida sea aburrida y nada excepcional.

¿Qué más deberíamos saber acerca de la comida rápida?

Dejando de lado la cuestión de la alimentación rica en grasas, hay otras cuantas cosas en la comida rápida que pueden contribuir a desear librarse del ardor de estómago:

- ¿Es bueno, después de todo, «comer rápido»? Comer despacio significa dejar que los alimentos hagan su recorrido de manera relajada, y si comemos despacio, podemos además evitar comer en exceso. Hay que dar al estómago tiempo de registrar en el cerebro que ya está lleno. Si empujamos el alimento literalmente hacia abajo en cinco minutos o menos, no damos tiempo al estómago a que se lo confirme al cerebro.
- ¿Y cómo bebemos? La elección de bebidas en las cadenas de comida rápida se limita a los refrescos, el café y la leche. La única otra bebida que he visto en estos sitios es el zumo de naranja, pero tiene un alto contenido ácido y no es la mejor opción si se tiene reflujo ácido. El calcio de la leche puede hacer que el estómago libere ácido, lo cual tampoco es conveniente. Es posible conseguir agua con hielo; sólo hay que pedirla. Yo siempre lo hago.
- Todo lo que gira en torno a la comida rápida podría traducirse como *más, más y más*. Elegir comida

rápida pasa definitivamente por ponernos a prueba y tomar raciones más pequeñas (y evitar comer el tamaño *grande*). Yo elijo una hamburguesa pequeña (que de manera automática viene con kétchup y mostaza en vez de mayonesa) y unas cuantas patatas fritas (que es lo que de verdad quiero) y una bebida. E incluso hay cadenas que en el menú infantil añaden un batido de chocolate de tamaño pequeño en vez de una bebida. Pero con eso tengo bastante.

¡En la carretera es peor!

Cuando uno tiene reflujo ácido y está viajando, ya sea por trabajo o por placer, se enfrenta a uno de los momentos más difíciles. En esos instantes se disparan todas las alarmas del reflujo ácido.

Para empezar, cuando se viaja no se duerme tan bien, la cama es más dura y se echa de menos la almohada especial, extramullida. Se toma una comida que normalmente no se come, y al desayunar, comer y cenar fuera de casa, es más difícil seguir los *Diez pasos hacia la libertad*.

A menos que uno quiera comer solo, no hay más solución que seguir a la multitud y tomar una de esas cenas de última hora. Cuando se viaja por cuestiones de trabajo, la mayoría de las cenas tienen lugar a última hora, y después cada uno se va a la cama nada más llegar a la habitación del hotel para poder estar bien despierto y en forma para las reuniones de la mañana.

Por lo general, viajar estresa. Los viajes en avión desmoronan las comidas y también las comodidades habituales. Y una vez que llegas al lugar, debes estar «de servicio», contestando preguntas sobre proyectos o productos, reuniéndote con clientes nuevos, y cosas así. Todo es estresante.

Así pues, ¿qué hacer? Intenta seguir los *Diez pasos hacia la libertad lo máximo que puedas,* sobre todo ahora que estás de viaje. Lleva siempre contigo algún medicamento, por si acaso.

Cada vez hay más gente que come fuera de casa

En Estados Unidos, según una encuesta llevada a cabo por Allrecipes.com con más de 5.000 usuarios, un 7% dice que hace fuera de casa al menos una comida al día, en un restaurante o en un centro comercial; un 62% dice que come fuera una vez por semana. Según las encuestas gubernamentales sobre la ingesta de alimentos, un 57% de los estadounidenses entre 1994 y 1996 comía al menos una vez al día fuera de casa, mientras que entre 1997 y 1998 la cifra era del 43%.

¿Qué ingerimos cuando comemos fuera?

Según otra encuesta de Allrecipes.com, efectuada en 2006, el 32% de los encuestados afirmaba que su máxima preocupación a la hora de comer fuera de casa era tomar alimentos sanos y equilibrados, y, según parece, es lo mismo que nos preocupa a algunos de nosotros.

La primera opción en cuanto a las bebidas son los refrescos, seguidos del café y la leche. En algunos países, los alimentos preferidos para desayunar son los huevos, las tostadas, las *crêpes*, las salchichas o el beicon. Entre las verduras más populares están la lechuga de las ensaladas, las patatas fritas, las patatas en puré y la ensalada de repollo. Y en cuanto a los platos principales, la pasta y la pizza se encuentran entre los preferidos.

En el capítulo 6 se recopilan algunas recetas para hacer de estos alimentos preferidos unas opciones más pobres en grasa y más tolerables.

Los estudios confirman que cuando comemos fuera solemos tomar más calorías y más grasas. Pero eso no significa que haya que tirar la toalla, sólo es cuestión de elegir. ¿Qué eliges cuando comes fuera de casa?

¿Cuánto comemos cuando comemos fuera?

Según los datos gubernamentales, los investigadores de la Universidad de North Carolina, en Chapel Hill, descubrieron que las raciones y las calorías en determinados tipos de alimentos habían aumentado notablemente con el paso del tiempo, y el mayor incremento había tenido lugar en los restaurantes mexicanos de comida rápida (JAMA, 2003, volumen 289, páginas 450-453).

La zona de no fumadores, por favor

En los restaurantes de los países en los que se pueda fumar en lugares públicos, pide la zona de no fumadores para que puedas estar cómodo mientras comes. Recuerda que el humo del tabaco aumenta la irritación del esófago mientras respiras.

Para tu información

De 1994 a 1995, una tercera parte de las personas que comieron fuera optaron por hacerlo en una cadena de comida rápida (lo que incluye a las pizzerías), según datos extraídos de una encuesta gubernamental estadounidense (CSFII).

Índice

209

Contenido

SP
616.3240654 M191

Magee, Elaine.
Dime qué comer si tengo
reflujo ácido : [actualizado
Freed-Montrose WLNF

03/15

Friends of the
Houston Public Library